'24-'25年版

これだけで**完成!**

ユーキャンの

FP3級

きほん問題集

金財・日本FP協会両方対応

CBT試験 **2024年6月試験** >>> **2025年5月試験**

ユーキャン

もくじ

ユーニャン

論点別問題　学科試験

論点別問題　実技試験

予想模試

（別冊）予想模試　解答・解説

おことわり

＊本書における法令などの基準について
本書は2024年4月1日現在施行の法令等に基づいて編集されています。本書記載内容に関し、執筆以降の法改正情報などで、試験に関連するものについては、『ユーキャンの本』ウェブサイト内「追補（法改正・正誤）」コーナーにて、適宜お知らせいたします。
➡https://www.u-can.co.jp/book/information

＊過去問題の掲載について
過去問題につきましては、実際に行われた試験問題（一部改題）の表記のまま掲載しておりますので、他の問題、解説文などの表記と異なる場合があります。
一般社団法人金融財政事情研究会　ファイナンシャル・プランニング技能検定3級
実技試験（個人資産相談業務・保険顧客資産相談業務）
日本FP協会　3級ファイナンシャル・プランニング技能検定
実技試験（資産設計提案業務）

本書の使い方

Step 1

重要事項のチェック

「論点別問題」で過去に実際に出題された問題を解き、出題形式や試験によく出る重要事項を学習します。
答えを確認する際は、全ての選択肢の解説を読んで、理解を深めましょう。

合格目指して
ファイトだニャ！

出題・科目を確認
論点別問題の実技試験のタイトルバーには、どの科目に関連する内容なのかをアイコンで示しています。
（個人）…個人資産相談業務
（保険）…保険顧客資産相談業務
（資産）…資産設計提案業務

出題形式を確認

出題分野を確認

重要度を確認
出題傾向を分析し、重要度と頻出度の高いものをA・Bで表示しています。
A：重要度が特に高い
B：重要度が高い

リスク管理

学科
試験
●○×式

次の各文章を読んで、正しいものまたは適切なものには○を、誤っているものまたは不適切なものには×をつけなさい。

● 保険制度全般

重要度 A

01 生命保険契約を申し込んだ者は、保険業法上、原則として、契約の申込日から8日以内であれば、口頭により申込みの撤回等をすることができる。

2020年1月

重要度 B

02 国内銀行の窓口において加入した個人年金保険は、預金保険機構による保護の対象となるのではなく、生命保険契約者保護機構による補償の対象となる。

2019年1月

頻出問題が
厳選されているから、
学習効率がよいニャ

Step 2
予想模擬試験に チャレンジ

「予想模試」にチャレンジしましょう。本試験と同じ条件で取り組み、時間配分も確認しましょう。解答は別冊の「解答・解説」で確認して下さい。

Step 3
くりかえし学習で 効果UP

不得意な分野を中心に、もう一度「論点別問題」に取り組み、苦手を克服しましょう。また、総仕上げに「予想模試」に再チャレンジして自信をつけましょう。

解説を赤シートでかくして、重要なところを覚えるニャ！

学科試験　リスク管理

解説

01 生命保険契約を申し込んだ者は、保険業法上、原則として、契約の申込日から8日以内（保険会社により異なる）であれば、申込みの撤回（クーリングオフ）ができるが、書面やFAX、メール等の電磁的記録での申し出が必要である。電話や会社に出向いての口頭での申し出は適用外となる。

➡ テキストp.110　解答 ×

02 加入した窓口を問わず、生命保険や個人年金保険の契約は、生命保険契約者保護機構による補償の対象となる。

➡ テキストp.111　解答 ○

おさらいするニャ

保険に関するおもな法律

保険業法	・共済契約には適用されない ・保険募集の禁止行為違反の処分や罰則を規定 ・クーリングオフに関する規定
保険法	・契約当事者間における契約ルールを規定 ・生命保険、損害保険に加え、傷害疾病保険（第三分野の保険）の規定が新設。共済契約にも適用
金融サービスの提供及び利用環境の整備等に関する法律	・重要事項の説明義務違反は、損害賠償請求が可能 ・顧客への勧誘方法などに関する勧誘方針を策定
消費者契約法	・重要事項の誤認・不退去・監禁等の場合、契約の取消しが可能

31

→テキスト
姉妹書『'24年〜'25年版　ユーキャンのFP 3級 きほんテキスト』の該当ページを記載しています。

出典・改題
過去問題については、何年の何月の試験で出題されたかを明記しています。また、受験年が2024年時点になるように、問題を一部改題したものについては「改」と表示しています。

おさらいするニャ
学習のポイントとなる事柄を図や表などにわかりやすくまとめています。

まちがったところは姉妹テキストを見直して、くりかえし学習するニャ！

FP3級 Q&A

FPをはじめて受検する人もこれを読めば安心です。
資格や試験についての疑問をスッキリ解決し、
合格を目指して頑張りましょう！

日本FP協会と金財、
どっちを受けたらいいのかニャ？

学科試験は共通ですが、実技試験が異なります。
実技試験には、日本FP協会の「資産設計提案業務」、金
財の「個人資産相談業務」、「保険顧客資産相談業務」の
3科目があります。
実技科目で何を選択するかを考え、それに応じた受検
機関の検定を受検するとよいでしょう。どちらで合格
しても、資格の価値に違いなどはありません。

学科試験と実技試験、
何が違うのかニャ？

両方ともコンピュータ端末を使って解答す
るCBT（Computer Based Testing）で、学科
試験は○×式と三答択一式による60問です。
実技試験は、何か具体的な作業をするので
はなく選択式の試験です。きんざいの場合
は科目は選択性で、受検申請の際に1つを
選択します。

実技試験はどれを受けたら
いいのかニャ？

実技試験はテーマ別に3種類あり、実施団体も異なります。
FPの知識をご自身の家計の改善に活かしたい方、あるいは
FPとして、年金・保険・資産運用・不動産・相続など顧客の
さまざまな相談に乗りたいとお考えの方は日本FP協会の「資
産設計提案業務」または、金財の「個人資産相談業務」を受検
するとよいでしょう。
一方、業務として保険を扱う方や、保険への関心の高い方は、
金財の「保険顧客資産相談業務」を受検されることをお勧めし
ます。

法令基準日ってなに？
それはいつかニャ？

法律は改正されることがあります。試験の直前直後とそ
の時期が重なった場合、旧法律と新法律のどちらを判断
の基準にしたらよいのでしょうか。それを迷うことがな
いように定められているのが法令基準日です。問題文に
特に断りのない限り、受験日が6月1日から翌年2月末
までの場合は今年度の4月1日、受験日が4月1日から
5月31日までの場合は、前年度の4月1日となります。

FP3級 資格・試験について

🐾 3級FP技能検定の試験概要（2024年度分）

◆学科試験、実技試験の共通事項

受検資格	FP業務に従事している者、従事しようとしている者
受検手数料	学科と実技8,000円。どちらか一方4,000円 （学科または実技のみの受検が可能）
申込方法	インターネット（通年受付）
試験日	通年（休止期間を除く）
合格発表	受験日翌月中旬にwebサイトで発表

◆学科試験

実施機関	金財・日本FP協会（共通の内容）
試験時間	90分
出題形式	CBT試験60問（○×式、三答択一式）
合格基準	36点以上／60点満点

◆実技試験

実施機関	金財	日本FP協会
試験時間	60分	60分
出題形式	CBT事例形式5題	CBT択一式20問
合格基準	30点以上／50点満点	60点以上／100点満点
選択科目	個人資産相談業務または保険顧客資産相談業務のどちらかを選択	資産設計提案業務

3級FP技能検定の試験科目

学科試験	実技試験
A ライフプランニング B リスク管理 C 金融資産運用 D タックスプランニング E 不動産 F 相続・事業承継	**● 個人資産相談業務/保険顧客資産相談業務** 1．関連業法との関係及び職業上の倫理を踏まえたファイナンシャル・プランニング 2．個人顧客の問題点の把握 3．問題の解決策の検討・分析 **● 資産設計提案業務** 1．関連業法との関係及び職業上の倫理を踏まえたファイナンシャル・プランニング 2．ファイナンシャル・プランニングのプロセス 3．顧客のファイナンス状況の分析と評価

 ## 3級FP学科試験データ

試験実施年月	実施機関	受検者数	合格者数	合格率
2023年5月	金財	17,297人	9,364人	54.13%
	日本FP協会	35,568人	31,388人	88.25%
2023年9月	金財	18,314人	6,812人	37.19%
	日本FP協会	31,431人	23,505人	74.78%
2024年1月	金財	17,185人	7,974人	46.40%
	日本FP協会	39,370人	32,732人	83.14%

3級FP技能士試験と2級FP技能士試験の体系

◆3級FP技能士試験

受検資格	FP業務に従事している者、従事しようとしている者
科目	**学科試験** **実技試験（以下のなかから1科目選択）** ・個人資産相談業務 ・保険顧客資産相談業務 ・資産設計提案業務

◆2級FP技能士試験

受検資格	実務経験2年以上・3級合格者*・日本FP協会認定のAFP研修を修了した者 *金融渉外技能審査3級の合格者を含む
科目	**学科試験** **実技試験（以下のなかから1科目選択）** ・個人資産相談業務 ・中小事業主資産相談業務 ・生保顧客資産相談業務 ・損保顧客資産相談業務 ・資産設計提案業務

 問い合わせ先

試験に関する詳細情報は試験実施機関のホームページ等でご確認下さい。

●一般社団法人金融財政事情研究会（金財）
　TEL 03-3358-0771（検定センター）
　URL https://www.kinzai.or.jp/

●NPO法人日本ファイナンシャル・プランナーズ協会（日本FP協会）
　TEL 03-5403-9890（試験業務部）
　URL https://www.jafp.or.jp/

論点別問題
学科試験

「論点別問題（学科試験）」には、「○×式」と「三答択一式」を含めた6分野の過去問題を論点別に収載しています。実際の試験ではどういった問われ方をするのかを確かめながら、正確な知識を効率よく習得してください。また、問題を解いた後は必ず解説を読み、合格に必要な知識を確実におさえるようにしましょう。「おさらいするニャ」で、再度その項目を復習するのもよいでしょう。

試験問題については、特に指示のない限り、2024年4月現在施行の法令等に基づいて、解答してください（復興特別法人税・復興特別所得税・個人住民税の均等割加算も考慮するものとします）。なお、東日本大震災の被災者等に係る国税・地方税関係の臨時特例等の各種特例については考慮しないものとします。

ライフプランニング

学科
試験
○×式

次の各文章を読んで、正しいものまたは適切なものには
○を、誤っているものまたは不適切なものには×をつけ
なさい。

重要度 **A**

01 弁護士の登録を受けていないファイナンシャル・プランナーが、資産管理の相談に来た顧客の求めに応じ、有償で、当該顧客を委任者とする任意後見契約の受任者となることは、弁護士法に抵触する。　　　2024年1月

重要度 **A**

02 税理士資格を有しないファイナンシャル・プランナーが、顧客の要請により、その顧客が提出すべき確定申告書を代理作成する行為は、無償であれば税理士法に抵触しない。　　　2017年1月

重要度 **A**

03 ファイナンシャル・プランナーは、顧客の依頼を受けたとしても、公正証書遺言の作成時に証人となることはできない。　　　2020年1月

ライフプランニングの考え方・手法　　　　　重要度 **B**

04 個人のライフプランニングにおいて、キャッシュフロー表に記載する金額は、物価変動等が予測されるものについては、通常、その変動等を加味した将来価値で計上する。　　　2019年5月

解説

01 任意後見契約の委任者は、弁護士でなくても**誰でもできる**ので、弁護士法には抵触しない。

➡ テキストp.17 解答 ×

02 有償・無償を問わず、税理士でないFPは個別具体的な税務相談を受けたり、税務書類の作成を行ったりしてはならない。なお、一般的な税制の説明や仮定に基づく税金計算は税理士法に抵触しない。

➡ テキストp.17 解答 ×

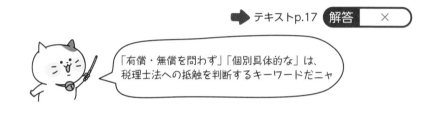

「有償・無償を問わず」「個別具体的な」は、
税理士法への抵触を判断するキーワードだニャ

03 公正証書遺言の証人には、原則としてだれでもなることができる。ただし、未成年者、推定相続人、受遺者・その配偶者・直系血族、公証人の配偶者・4親等以内の親族・書記・雇人は証人になることができない。

➡ テキストp.17,408 解答 ×

04 キャッシュフロー表に記載する金額は、物価変動等が予測されるものは、通常、将来価値で計上する。a年後の金額は「**現在の金額×（1＋変動率）^{a}**」で計算する。

➡ テキストp.21 解答 ○

重要度 B

05 国民健康保険の被保険者は、原則として、70歳に達した時にその資格を喪失し、後期高齢者医療制度の被保険者となる。

2019年5月

重要度 A

06 労働者災害補償保険の保険料は、労働者と事業主が折半で負担する。

2024年1月

重要度 B

07 雇用保険の基本手当を受給するためには、倒産、解雇および雇止めなどの場合を除き、原則として、離職の日以前2年間に被保険者期間が通算して12カ月以上あることなどの要件を満たすことが必要となる。

2019年5月

公的年金

重要度 B

08 国内に住所を有する60歳以上75歳未満の者は、厚生年金保険の被保険者である者を除き、国民年金の任意加入被保険者となることができる。

2019年9月

解説

05 国民健康保険の被保険者は、75歳（一定の障害がある人は65歳）に達した時にその資格を喪失し、後期高齢者医療制度の被保険者となる。保険証の有効期限は75歳の誕生日の前日までとなっており、誕生日以後は使えなくなる。

 テキストp.30,34　解答　✕

06 労働者災害補償保険の保険料は、全額を事業主が負担する。

 テキストp.36　解答　✕

07 雇用保険の基本手当を受給するためには、原則として、離職の日以前2年間に被保険者期間が通算して12ヵ月以上あることなどの要件を満たすことが必要となる。ただし、倒産や解雇等を理由とした離職の場合には、離職の日以前1年間に被保険者期間が通算して6ヵ月以上あればよい。

 テキストp.38　解答　◯

08 国内に住所を有する60歳以上65歳未満の人で、60歳までに老齢基礎年金の受給資格期間を満たしていない場合や、受給資格期間は満たしているが老齢基礎年金を満額受給できない場合などで年金額の増額を希望するときは、60歳以降でも国民年金に任意加入をすることができる（厚生年金保険、共済組合等加入者を除く）。また、年金の受給資格期間を満たしていない場合に限り、65歳以上70歳未満の人も加入できる。

 テキストp.46　解答　✕

09 特別支給の老齢厚生年金（報酬比例部分）は、原則として、1960年（昭和35年）４月２日以後に生まれた男性および1965年（昭和40年）４月２日以後に生まれた女性には支給されない。

2020年1月

遺族給付　　　　　　　　　　　　　　　　　　　　重要度

10 遺族基礎年金を受給することができる遺族は、国民年金の被保険者等の死亡の当時、その者によって生計を維持され、かつ、所定の要件を満たす「子のある配偶者」または「子」である。

2022年5月

確定拠出年金　　　　　　　　　　　　　　　　　　重要度

11 国民年金の第３号被保険者は、確定拠出年金の個人型年金の加入者となることはできない。

2019年9月

ライフプラン策定上の資金計画　　　　　　　　　　重要度

12 住宅金融支援機構と民間金融機関が提携した住宅ローンであるフラット35の融資金利は固定金利であり、その利率は取扱金融機関がそれぞれ独自に決定している。

2020年1月

解説

09 特別支給の老齢厚生年金(報酬比例部分)は、原則として、1961年(昭和36年)4月2日以後に生まれた男性および1966年(昭和41年)4月2日以後に生まれた女性には支給されない。

 テキストp.60 **解答** ✕

10 遺族基礎年金は、国民年金の被保険者等の死亡時に生計維持関係があり、要件を満たす「子のある配偶者」または「子」に支給される。この場合の「子」は、「18歳になった年度の3月31日までにある人、または20歳未満で障害年金の障害等級1級または2級の状態にある人」を指す。「子のない配偶者」は支給を受けられない。

 テキストp.72 **解答** ◯

11 20歳以上60歳未満の国民年金の第3号被保険者(専業主婦(主夫)等)は、確定拠出年金の個人型年金の加入者となることができる。

 テキストp.46,83 **解答** ✕

12 フラット35の融資金利は固定金利で、その利率は取扱金融機関がそれぞれ独自に決定している。融資率9割以下と9割超で金利が異なる。

 テキストp.95 **解答** ◯

13 住宅ローンの一部繰上げ返済には、一般に、毎月の返済額を変更せずに残りの返済期間を短くする期間短縮型と、返済期間を変更せずに毎月の返済額を減額する返済額軽減型がある。

2018年9月

14 日本学生支援機構の奨学金と日本政策金融公庫の教育一般貸付（国の教育ローン）は、重複して利用することができる。

2024年1月

13 期間短縮型は毎月の返済額を変更せずに残りの返済期間を短くする方法であり、**返済額軽減型**は返済期間を変更せずに毎月の返済額を減額する方法である。同一条件なら期間短縮型のほうが返済額軽減型よりも利息軽減効果が大きい。

➡ テキストp.97 **解答** ◯

14 日本学生支援機構の奨学金と日本政策金融公庫の教育一般貸付（国の教育ローン）は、**重複して利用することができる**。

➡ テキストp.99 **解答** ◯

繰上げ返済の種類

●返済期間短縮型
毎月の返済額を変えずに、返済期間を短縮する方法。
同一条件なら利息軽減効果は返済額軽減型より**大きく**なる。

●返済額軽減型
返済期間を変えずに、毎月の返済額を軽減する方法。
同一条件なら利息軽減効果は返済期間短縮型より**小さく**なる。

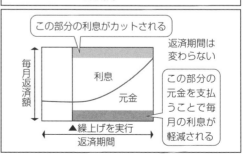

次の各文章の( )内にあてはまる最も適切な文章、語句、数字またはそれらの組み合わせを1）〜3）のなかから選び、その記号をマークしなさい。

ライフプランニングの考え方・手法　　　**重要度 A**

15 Aさんの2024年分の可処分所得の金額は、下記の＜資料＞によれば、（　　）である。

〈資料〉2024年分のAさんの収入等

給与収入	：700万円（給与所得：520万円）
所得税・住民税	：　60万円
社会保険料	：100万円
生命保険料	：　10万円

1）360万円
2）530万円
3）540万円

2021年9月・改

重要度 B

16 毎年一定金額を積み立てながら、一定の利率で複利運用した場合の一定期間経過後の元利合計額を試算する際、毎年の積立額に乗じる係数は、（　　）である。

1）資本回収係数
2）年金終価係数
3）減債基金係数

2024年1月

15 可処分所得の金額は、年収から所得税・住民税、社会保険料を控除して求める。したがって、700万円(給与収入)－60万円(所得税・住民税)－100万円(社会保険料)＝540万円になる。

➡ テキストp.21　解答　3

生命保険料や財形貯蓄は、個人で選択できるものだから、可処分所得に含まれるニャ

16 一定の利率で複利運用しながら毎年一定金額を積み立てた場合の一定期間経過後の元利合計額を求める場合は、**年金終価係数**を用いる。資本回収係数は、元金を一定の利率によって複利運用しながら毎年一定金額を一定の期間にわたり取り崩していくときの、毎年の取り崩し金額を求めるときに用いる。減債基金係数は、一定の利率によって複利運用しながら一定期間後に一定金額を貯めるために必要な毎年の積立額を求める係数である。

➡ テキストp.22,23　解答　2

17 Aさん(50歳)は、現在から10年間、毎年一定額を積み立てて、老後資金として1,000万円を準備したいと考えている。この場合、必要となる毎年の積立金額は(　　)である。なお、毎年の積立金は、利率(年率)2％で複利運用されるものとし、計算にあたっては下記の〈資料〉を利用するものとする。

〈資料〉利率(年率)2％・期間10年の各種係数

現価係数	減債基金係数	資本回収係数
0.8203	0.0913	0.1113

1) 748,934円
2) 820,300円
3) 913,000円

2018年9月

22

17 将来の目標金額のために必要な毎年の積立額を求める場合には減債基金係数を用いる。

したがって、1,000万円×0.0913（減債基金係数）＝913,000円

➡ テキストp.22,23　解答　3

―おさらいするニャ―

資金計画を立てる際の6つの係数

1	終価係数	現在の資金を複利運用したら、**将来いくらになるか**を求める場合に用いる係数

例：年利2％で100万円を運用した場合の10年後の金額はいくらか？
最後の金額→「終価」

2	現価係数	将来の目標金額のために**現在いくら必要か**を求める場合に用いる係数

例：年利2％で10年後に100万円を貯めるには、今いくら必要か？

3	年金終価係数	毎年の積立額から、**将来の元利合計**を求める場合に用いる係数

例：毎年5万円を年利2％で積み立てた場合の10年後の金額はいくらか？
「年金」形式

4	減債基金係数	将来の目標金額のために必要な**毎年の積立額**を求める場合に用いる係数

例：年利2％で10年後に100万円を貯める場合の毎年の積立額はいくらか？

5	資本回収係数	現在の額を運用しながら**受け取れる年金額**や住宅ローンなどの借入額に対する利息を含めた**毎年の返済額**を求める場合に用いる係数

例：100万円を年利2％で運用しながら10年間で取り崩した場合、毎年受け取れる年金額はいくらか？
現在ある元手→「資本」
「回収」すること

6	年金現価係数	希望する年金額を受け取るために必要な**年金原資**（元本）や、住宅ローンなどの年間のローン返済額から**借入可能額**を求める場合に用いる係数

例：年金を毎年100万円ずつ10年間にわたって受け取りたい場合、年利2％だといくらの元本が必要か？　「年金」形式
現在の金額→「現価」

18 健康保険の被保険者が業務外の事由による負傷または疾病の療養のため仕事を連続して4日以上休み、休業した期間について報酬を受けられなかった場合は、所定の手続により、傷病手当金が、その支給を始めた日から通算して（　　）を限度として支給される。

　1）6カ月
　2）1年
　3）1年6カ月

2019年1月・改

19 国民健康保険の被保険者（一定の障害の状態にない）は、原則として、（　　）になると国民健康保険の被保険者資格を喪失し、後期高齢者医療制度の被保険者となる。

　1）65歳
　2）70歳
　3）75歳

2021年1月

公的年金

20 65歳到達時に老齢基礎年金の受給資格期間を満たしている者が、67歳6カ月で老齢基礎年金の繰下げ支給の申出をし、30カ月支給を繰り下げた場合、老齢基礎年金の増額率は、（　　）となる。

　1）12%
　2）15%
　3）21%

2023年1月

18 健康保険の被保険者が業務外の事由による負傷または疾病の療養のため仕事を連続する3日間を含み4日以上休み、休業した期間について報酬を受けられなかった場合は、所定の手続により、傷病手当金が、その支給を始めた日から通算して1年6ヵ月を限度として支給される。

➡ テキストp.32　解答　3

19 国民健康保険の被保険者は、原則として、75歳（一定の障害がある人は65歳）になると国民健康保険の被保険者資格を喪失し、後期高齢者医療制度の被保険者となる。

➡ テキストp.34　解答　3

20 67歳6カ月で繰下げ支給の申し出をした場合、繰り下げる月数は30カ月である。
老齢基礎年金の増額率は、「0.7％×65歳に達した月から繰下げ申出月の前月までの月数」で求めるので、0.7％×30カ月＝21％　となる。

➡ テキストp.58　解答　3

21 厚生年金保険の被保険者期間が（ ① ）以上ある者が、老齢厚生年金の受給権を取得した当時、一定の要件を満たす（ ② ）未満の配偶者を有する場合、当該受給権者が受給する老齢厚生年金に加給年金額が加算される。

1 ）①　10年　　②　65歳
2 ）①　20年　　②　65歳
3 ）①　20年　　②　70歳　　　　　　　　　　　　　　　2024年 1 月

重要度 Ⓐ

22 遺族厚生年金の額（中高齢寡婦加算額および経過的寡婦加算額を除く）は、原則として、死亡した者の厚生年金保険の被保険者記録を基礎として計算した老齢厚生年金の報酬比例部分の額の（　　　）に相当する額である。

1 ）2 分の 1
2 ）3 分の 2
3 ）4 分の 3　　　　　　　　　　　　　　　　　　　　2022年 1 月

解説

21 厚生年金保険の被保険者期間が**20年**以上ある者が、老齢厚生年金の受給権を取得した当時、一定の要件を満たす**65歳未満**の**配偶者**や18歳到達年度の末日までの間の子がいる場合、当該受給権者が受給する老齢厚生年金に**加給年金額**が加算される。

➡ テキストp.59,61 　解答 　2

22 遺族厚生年金の額(中高齢寡婦加算額および経過的寡婦加算額を除く)は、原則として、死亡した者の厚生年金保険の被保険者記録を基礎として計算した老齢厚生年金の報酬比例部分の額の４分の３に相当する額である。

➡ テキストp.74 　解答 　3

― おさらいするニャ

遺族厚生年金のイメージ図と概要 ※妻が老齢厚生年金を受給できない場合

▼妻40歳　夫死亡　　　▼子18歳　　　　　　　▼妻65歳

遺族基礎年金	中高齢寡婦加算	老齢基礎年金
		経過的寡婦加算
遺族厚生年金		

　遺族厚生年金を受給している人が65歳になって自分の老齢厚生年金も受給できる場合は、老齢基礎年金と老齢厚生年金は全額支給され、遺族厚生年金は老齢厚生年金に相当する額の支給が停止される。

受給要件	①厚生年金の被保険者が死亡したとき ②被保険者の期間中に初診日のある人が、初診日から５年以内に死亡したとき ③１級・２級の障害厚生年金の受給権者が死亡したとき ④老齢厚生年金受給権者または受給資格期間を満たした人が死亡したとき ⑤上記①②の場合、保険料納付要件が必要
遺族の範囲	死亡当時、生計を維持されていた子のある妻または子、子のない妻*、55歳以上の夫・父母・祖父母（60歳までは原則支給停止）、孫
年金額	死亡日以前の厚生年金の加入期間**に基づく報酬比例部分×3/4

＊夫死亡時に30歳未満で子のない妻に対する遺族厚生年金は、夫死亡から５年間しか支給されない。

＊＊被保険者期間が**300月（25年）**未満の場合、300月で計算。

27

23 確定拠出年金の個人型年金の老齢給付金を60歳から受給するためには、60歳到達時の通算加入者等期間が（　　）以上なければならない。

1）10年
2）15年
3）20年

2022年9月

24 貸金業法の総量規制により、個人が貸金業者による個人向け貸付を利用する場合の借入合計額は、原則として、年収の（　　）以内でなければならない。

1）4分の1
2）3分の1
3）2分の1

2019年9月

23 確定拠出年金の個人型年金の老齢給付金を60歳から受給するためには、60歳到達時の通算加入者等期間が10年以上なければならない。

➡ テキストp.83 　解答　 1

24 貸金業法の総量規制により、個人が貸金業者による個人向け貸付を利用する場合の借入合計額は、原則として、年収の3分の1以内でなければならない。

➡ テキストp.102 　解答　 2

リスク管理

次の各文章を読んで、正しいものまたは適切なものには○を、誤っているものまたは不適切なものには×をつけなさい。

保険制度全般

重要度 A

01 生命保険契約を申し込んだ者は、保険業法上、原則として、契約の申込日から8日以内であれば、口頭により申込みの撤回等をすることができる。

2020年1月

重要度 B

02 国内銀行の窓口において加入した個人年金保険は、預金保険機構による保護の対象となるのではなく、生命保険契約者保護機構による補償の対象となる。

2019年1月

解説

01 生命保険契約を申し込んだ者は、保険業法上、原則として、契約の申込日から8日以内（保険会社により異なる）であれば、**申込みの撤回（クーリングオフ）**ができるが、**書面やFAX、メール等の電磁的記録**での申し出が必要である。電話や会社に出向いての口頭での申し出は適用外となる。

 テキストp.110 ｜解答｜ ✕

02 加入した窓口を問わず、生命保険や個人年金保険の契約は、**生命保険契約者保護機構**による補償の対象となる。

 テキストp.111 ｜解答｜ ○

🔔 おさらいするニャ

保険に関するおもな法律

保険業法	・共済契約には適用されない ・保険募集の禁止行為違反の処分や罰則を規定 ・クーリングオフに関する規定
保険法	・契約当事者間における契約ルールを規定 ・生命保険、損害保険に加え、傷害疾病保険（第三分野の保険）の規定が新設。共済契約にも適用
金融サービスの提供及び利用環境の整備等に関する法律	・重要事項の説明義務違反は、損害賠償請求が可能 ・顧客への勧誘方法などに関する勧誘方針を策定
消費者契約法	・重要事項の誤認・不退去・監禁等の場合、契約の取消しが可能

重要度 A

03 契約転換制度により、現在、加入している生命保険契約を新たな契約に転換する場合、転換後契約の保険料は、転換前契約の加入時の年齢に応じた保険料率により算出される。

2022年1月

重要度 B

04 収入保障保険の死亡保険金を年金形式で受け取る場合の受取総額は、一般に、一時金で受け取る場合の受取額より少なくなる。

2022年1月

重要度 A

05 こども保険（学資保険）において、保険期間中に契約者（＝保険料負担者）である親が死亡した場合、一般に、既払込保険料相当額の死亡保険金が支払われて保険契約は消滅する。

2024年1月

重要度 B

06 逓減定期保険は、保険期間の経過に伴い保険料が所定の割合で減少するが、死亡保険金額は保険期間を通じて一定である。

2023年1月

03 契約転換制度を利用して、現在加入している生命保険契約を新たな契約に
転換する場合、転換後の保険料は、新たな契約の契約時の保険料率が適用
される。

 テキストp.127 解答 ✕

04 収入保障保険の死亡・高度障害保険金は、契約時に定めた年金額が一定期
間にわたって支払われるが、希望により一時金として受け取ることもでき
る。ただし、一時金での受取額は、年金として受け取った場合の受取総額
よりも少なくなる。

 テキストp.133 解答 ✕

05 こども保険（学資保険）において、保険期間中に契約者（＝保険料負担者）で
ある親が死亡した場合、一般に、それ以降の保険料の支払いは免除となり、
満期時には満期保険金が受け取れる。

 テキストp.134 解答 ✕

06 逓減定期保険は、保険期間の経過に伴い死亡保険金額が所定の割合で減少
するが、保険料は保険期間を通じて一定である。

 テキストp.133 解答 ✕

07 生命保険におけるリビング・ニーズ特約は、病気やケガの種類にかかわらず、被保険者の余命が6カ月以内と判断された場合に、所定の範囲で死亡保険金の全部または一部の保険金が前払いで受け取れるものである。

2019年9月

第三分野の保険 重要度 **A**

08 がん保険では、一般に、責任開始日前に180日程度の免責期間が設けられており、その期間中にがんと診断されたとしてもがん診断給付金は支払われない。

2020年1月

07 生命保険におけるリビング・ニーズ特約は、病気やケガの種類にかかわらず、被保険者の余命が6ヵ月以内と判断された場合に、所定の範囲で死亡保険金の全部または一部の保険金が前払いで受け取れるものである。特約保険料は必要ない。

➡ テキストp.137 **解答** ◯

08 がん保険では、一般に、責任開始日前に90日程度の免責期間が設けられており、その期間中にがんと診断されたとしてもがん診断給付金は支払われない。

➡ テキストp.147 **解答** ×

おさらいするニャ

おもな事故・病気に備える特約

特約の名称	保険金が支払われる状況
災害割増特約	不慮の事故（事故の日より180日以内）・所定の感染症で死亡・高度障害になったとき
傷害特約	不慮の事故（事故の日より180日以内）・所定の感染症で死亡、不慮の事故（事故の日より180日以内）で所定の障害状態になったとき
災害入院特約	事故や災害によるケガで180日以内に入院したとき
疾病入院特約	病気で入院したとき
成人病(生活習慣病)入院特約	がん、心疾患、脳血管疾患、高血圧性疾患、糖尿病の5大成人病で入院したとき
女性疾病入院特約	女性特有の病気（子宮や乳房の病気、甲状腺の障害）などで入院したとき
通院特約	退院後(入院前の通院も対象としている特約もあり)、その入院の直接の原因となった病気やケガの治療を目的として通院したとき
リビング・ニーズ特約	医師から被保険者が余命6ヵ月以内と診断された場合、死亡保険金の一部または全部（300万円を限度）を生前給付金として受け取ることができる ＊保険料は不要
特定疾病(3大疾病)保障保険特約	がん、急性心筋梗塞、脳卒中にかかり、また一定期間所定の状態になった場合に保険金が支払われる ＊特定疾病保険金を受け取った時点で保険契約は終了 ＊特定疾病保険金を受け取らずに死亡した場合は、原因を問わずに死亡保険金が支払われる
先進医療特約	療養を受けた時点において厚生労働大臣の承認した「一般の医療水準を超えた最新の医療技術」による医療行為を受けたとき、給付金が支払われる

重要度 A

09 家族傷害保険（家族型）において、保険期間中に契約者（＝被保険者本人）に子が生まれた場合、その子を被保険者に加えるためには追加保険料を支払う必要がある。

2024年1月

重要度 B

10 自動車保険の人身傷害補償保険では、被保険者が被保険自動車を運転中、自動車事故により負傷した場合、自己の過失割合にかかわらず、保険金額を限度に損害額が補償される。

2022年5月

重要度 B

11 スーパーマーケットを経営する企業が、店舗内に積み上げられていた商品が倒れ、顧客の頭にぶつかってケガをさせ、顧客に対して法律上の損害賠償責任を負うことによって被る損害は、施設所有（管理）者賠償責任保険の補償の対象となる。

2022年9月

重要度 A

12 個人が自宅を対象とする地震保険の保険料を支払った場合、所得税、住民税ともに、地震保険料控除としてそれぞれ最高5万円が所得金額から控除される。

2019年9月

09　家族傷害保険(家族型)において、保険期間中に契約者(＝被保険者本人)に子が生まれた場合、その子は自動的に被保険者になり、追加保険料を支払う必要はない。

➡ テキストp.165　解答　×

10　自動車保険の人身傷害補償保険では、被保険者および同乗者が自動車事故で死亡・傷害などの被害を被った場合、被保険者の過失割合や有無にかかわらず、保険金額を限度に損害額が補償される。

➡ テキストp.164　解答　○

11　施設所有(管理)者賠償責任保険は、施設内での「施設の管理」「業務の遂行」等により顧客に対して損害を与え、法律上の損害賠償責任を負うことになった場合に被る損害を補償する保険である。

➡ テキストp.172　解答　○

12　地震保険料控除は、所得税は最高5万円、住民税は最高2万5,000円が所得金額から控除される。

➡ テキストp.173　解答　×

次の各文章の( )内にあてはまる最も適切な文章、語句、数字またはそれらの組み合わせを1）～3）のなかから選び、その記号をマークしなさい。

生命保険の基礎知識　　　　　　　　　　　　　　　　重要度 **B**

13　生命保険の保険料は、（　①　）および収支相等の原則に基づき、予定死亡率、（　②　）、予定事業費率の3つの予定基礎率を用いて計算される。

1）①大数の法則　　　②予定利率
2）①適合性の原則　　②予定利率
3）①適合性の原則　　②予定損害率　　　　　　　　　　2022年1月

重要度 **B**

14　保険法の規定によれば、保険契約者や被保険者に告知義務違反があった場合、保険者の保険契約の解除権は、保険者が解除の原因があることを知った時から（　①　）行使しないとき、または保険契約の締結の時から（　②　）を経過したときに消滅する。

1）①　1ヵ月間　　　②　　5年
2）①　2ヵ月間　　　②　10年
3）①　3ヵ月間　　　②　15年　　　　　　　　　　　　2020年1月

13 生命保険の保険料は、大数の法則および収支相等の原則に基づき、予定死亡率、予定利率、予定事業費率の３つの予定基礎率を用いて計算される。

➡ テキストp.118 　解答　 1

14 保険法の規定によれば、保険契約者や被保険者に告知義務違反（故意または重大な過失により、重要な事実の告知をしなかった、あるいは不実の告知をした）があった場合、保険者の保険契約の解除権は、保険者が解除の原因があることを知った時から１ヵ月間行使しないとき、または保険契約の締結の時から５年を経過したときに消滅する。

➡ テキストp.121 　解答　 1

重要度

15 生命保険会社が（　　　）を引き下げた場合、通常、その後の終身保険の新規契約の保険料は高くなる。

1）予定利率
2）予定死亡率
3）予定事業費率　　　　　　　　　　　　　　　　　　　　　　2022年5月

生命保険商品

重要度

16 変額個人年金保険は、（　①　）の運用実績に基づいて将来受け取る年金額等が変動するが、一般に、（　②　）については最低保証がある。

1）① 特別勘定　　　　② 死亡給付金額
2）① 特別勘定　　　　② 解約返戻金額
3）① 一般勘定　　　　② 解約返戻金額　　　　　　　　2022年1月

重要度 A

17 養老保険の福利厚生プランでは、契約者（＝保険料負担者）および満期保険金受取人を法人、被保険者を（　①　）、死亡保険金受取人を被保険者の遺族とすることにより、支払保険料の（　②　）を福利厚生費として損金の額に算入することができる。

1）① 役員　　　　　　　　　② 3分の1相当額
2）① 役員および従業員全員　② 2分の1相当額
3）① 従業員全員　　　　　　② 全額　　　　　　　　2019年9月

解説

15 生命保険会社が予定利率を引き下げた場合、通常、その後の終身保険の新規契約の保険料は高くなる。

➡ テキストp.118 解答 1

16 変額個人年金保険は、特別勘定の運用実績に基づいて将来受け取る年金額等が変動する。一般に、死亡給付金額については最低保証がある。

➡ テキストp.135 解答 1

17 養老保険の福利厚生プランでは、
契約者(＝保険料負担者)および満期保険金受取人：法人
被保険者：役員および従業員全員
死亡保険金受取人：被保険者の遺族
とすることにより、支払保険料の2分の1相当額を福利厚生費として損金の額に算入することができる(ハーフタックスプラン)。

➡ テキストp.140 解答 2

おさらいするニャ

3つの予定基礎率

予定利率	保険会社が運用によって得られる予想収益の割合	予定利率が高いほど、保険料が安くなる
予定死亡率	統計に基づいて算出された性別、年齢別の死亡者数の割合	予定死亡率が低いほど、保険料が安くなる
予定事業費率	保険会社が保険事業に必要な費用の割合	予定事業費率が低いほど、保険料が安くなる

18 地震保険の保険料の割引制度には、「建築年割引」「耐震等級割引」「免震建築物割引」「耐震診断割引」があり、割引率は「耐震等級割引（耐震等級３）」および「免震建築物割引」の（　①　）が最大となる。なお、それぞれの割引制度の重複適用は（　②　）。

1) ① 30％ 　　② できない
2) ① 50％ 　　② できない
3) ① 50％ 　　② できる

2019年1月

19 地震保険の保険金額は、火災保険の保険金額の30％から50％の範囲内で設定されるが、居住用建物については（　①　）、生活用動産（家財）については（　②　）が上限となる。

1) ① 1,500万円 　② 300万円
2) ① 3,000万円 　② 500万円
3) ① 5,000万円 　② 1,000万円

2022年1月

解説

18 地震保険の保険料の**割引**制度には、「建築年割引」「耐震等級割引」「免震建築物割引」「耐震診断割引」があるが、**重複適用**はできない。割引率は「耐震等級割引（耐震等級３）」および「免震建築物割引」の50%が最大となる。

➡ テキストp.162　解答　**2**

19 地震保険の保険金額は、主契約である火災保険の保険金額の30%～50%の範囲内での設定となり、居住用建物については5,000万円、生活用動産（家財）については1,000万円の限度額が設けられている。

➡ テキストp.162,163　解答　**3**

> 地震保険の問題は、よく出題されるから、しっかり覚えておくニャ

⏺おさらいするニャ

地震保険

保険の目的‥‥‥‥住宅と家財、ただし1個または1組の価額が30万円超の貴金属などは対象外

保険金額‥‥‥‥‥主契約（火災保険）の保険金額の30%～50%の範囲内で設定。ただし、建物**5,000万円**、家財**1,000万円**が上限

保険金の支払い‥‥2017年1月1日以降の契約では、建物または家財が全損の場合は保険金額の全額、大半損の場合は60%、小半損の場合は30%、一部損の場合は５%が支払われる

20 自動車を運転中にハンドル操作を誤ってガードレールに衝突し、被保険者
である運転者がケガをした場合、（　　　）による補償の対象となる。

1）対人賠償保険
2）人身傷害保険
3）自動車損害賠償責任保険　　　　　　　　　　　　　　　　　　2024年1月

21 自動車事故でケガを負い、相手方が加入していた自動車保険の対人賠償保
険から受け取った保険金は、（　　　）とされる。

1）一時所得
2）雑所得
3）非課税　　　　　　　　　　　　　　　　　　　　　　　　　　2021年1月

解説

20 自動車を運転中に、被保険者である運転者がケガをした場合は、人身傷害保険による補償の対象となる。対人賠償保険は、自動車事故で他人を死傷させ、法律上の賠償責任を負った場合、自賠責保険を上回る部分の金額が補償される保険である。また、自動車損害賠償責任保険は、死傷した相手側の運転者と同乗者、あるいは歩行者だけが補償されるので、被保険者本人は補償されない。

➡ テキストp.163,164 　解答　2

21 自動車事故でケガを負い、相手方が加入していた自動車保険の対人賠償保険から受け取った保険金は、非課税とされる。相手方が加入していた自動車保険の対物賠償保険から受け取った保険金も同様に非課税である。

➡ テキストp.174 　解答　3

おさらいするニャ

任意の自動車保険の種類と補償内容

	保険種類	保険の内容
相手への賠償	対人賠償保険	自動車事故で他人を死傷させ、法律上の賠償責任を負った場合、自賠責保険を上回る部分の金額が支払われる
	対物賠償保険	自動車事故で他人の財産に損害を与え、法律上の賠償責任を負った場合、保険金が支払われる
本人や家族の傷害	自損事故保険	電柱に衝突するなど、自損事故のため自賠責保険の対象外となる場合、保険金が支払われる
	無保険車傷害保険	加害者が対人賠償保険を付けていないなど、賠償能力が十分ではない自動車と事故にあった場合、代わりに保険金が支払われる
	搭乗者傷害保険	自動車の搭乗者（運転者・同乗者）が自動車事故により死傷した場合、保険金が支払われる
	人身傷害補償保険	本人および同乗者が自動車事故で死亡・傷害などの被害を被った場合、被保険者の過失の有無に関係なく、保険金が支払われる
車両	車両保険	所有する自動車が衝突、火災、盗難など偶然な事故によって損害を被った場合、保険金が支払われる。地震・噴火・津波による損害は対象外

22 個人賠償責任保険では、被保険者の（　　）ケガを負わせ、法律上の損害賠償責任を負うことによって被る損害は、補償の対象とならない。

1）飼い犬が被保険者と散歩中に通行人に噛みつき
2）同居の子が自転車で走行中に通行人にぶつかり
3）配偶者が自動車の運転中に歩行者に接触して　　　　　　　　2019年5月

23 飲食店において、店舗の床が清掃時の水で濡れていたことにより、来店客が足を滑らせて転倒して骨折し、入院をした。このような場合の損害賠償責任に備える損害保険としては、（　　）が適している。

1）生産物賠償責任保険
2）施設所有（管理）者賠償責任保険
3）受託者賠償責任保険　　　　　　　　　　　　　　　　　　　2020年1月

22 個人賠償責任保険は、1つの契約で**家族全員**（配偶者、本人または配偶者と生計を共にする同居親族・別居の未婚の子）が補償の対象で、日常生活における事故によって損害賠償責任を負ったときに補償する保険であるため、選択肢1、2は個人賠償責任保険の対象となる。しかし、**業務遂行中や自動車の運転中に起きた事故は対象外**となるため、選択肢3の場合は対象とならない。自動車運転中の損害賠償責任は自動車保険の補償対象となる。

➡ テキストp.164,166　解答　3

23 施設所有（管理）者賠償責任保険は、ビルなどの施設の所有や使用、管理に関する賠償責任を補償する保険。したがって、解答は2。なお、**生産物賠償責任保険（PL保険）**は、企業が製造・販売した製品が原因で発生した事故によって、他人の身体・生命・財産に損害を与えた場合の賠償責任を補償する保険。受託者賠償責任保険は、他人から預かっている物（受託物）が火災、盗難にあったり破損したりしてしまった場合の賠償責任を補償する保険である。

➡ テキストp.172　解答　2

おもな賠償責任保険

個人賠償責任保険	・日常生活における事故によって、他人にケガをさせたり、他人の物を壊したりするなどの、損害賠償責任を負ったときのための保険 ・1つの契約で家族全員（配偶者、本人または配偶者と生計を共にする同居親族・別居の未婚の子）が補償対象となる ・業務遂行中の賠償事故は対象外 ・車を運転中に起きた事故は対象外 ・借り物や預かり物に対する損害賠償は対象外（貸借物を対象とする商品も登場している）
生産物賠償責任保険 （PL保険）	・企業を対象とした保険 ・製造、販売した製品の欠陥によって他人に損害を与え、損害賠償責任を負ったときのための保険 （例）旅館の食事で食中毒を出した場合など

次の各文章を読んで、正しいものまたは適切なものには○を、誤っているものまたは不適切なものには×をつけなさい。

マーケット環境の理解　　　　　　　　　　　　　　　重要度 **A**

01　一般に、景気動向指数のコンポジット・インデックス（ＣＩ）の一致指数が上昇しているときは、景気の拡張局面といえる。　　　　　　2020年1月

重要度 **A**

02　日本銀行の公開市場操作による買いオペレーションは、市中の資金量を増加させ、金利の低下を促す効果がある。　　　　　　　　　　2019年5月

重要度 **B**

03　全国企業短期経済観測調査（日銀短観）は、企業間で取引されている財に関する物価の変動を測定した指標である。　　　　　　　　　　2021年1月

解説

01 景気動向指数(DIとCI)の一致指数はほぼ景気と一致して動く。景気の方向性はDI(ディフュージョン・インデックス)で判断され、CIは一般に景気変動の大きさやテンポ(量感)の判断に用いられる。

 テキストp.182 解答 ○

02 日本銀行による公開市場操作の買いオペレーションは、市中銀行から債券を買い取ることで資金量を増やして金利を低めに誘導する。国内の景気低迷時に金融の緩和を目的として行われる。金融の引締めを目的として行われるのは売りオペレーションで、日銀が市中銀行に債券を売却することで銀行から資金を吸い上げ、資金量を減らすことで金利を高めに誘導する。

 テキストp.185 解答 ○

03 全国企業短期経済観測調査(日銀短観)は、日本銀行が全国約1万社の企業を対象に、景気の現状と先行きなどについて年4回行うアンケート調査を数値化したものである。

テキストp.183 解答 ×

おさらいするニャ

公開市場操作のしくみ

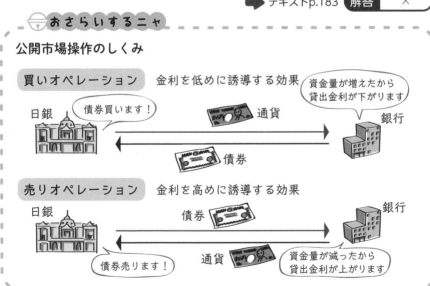

買いオペレーション 金利を低めに誘導する効果　資金量が増えたから貸出金利が下がります

日銀　債券買います！　通貨　銀行
債券

売りオペレーション 金利を高めに誘導する効果

日銀　債券　銀行
債券売ります！　通貨　資金量が減ったから貸出金利が上がります

重要度 B

04 ゆうちょ銀行においては、従来、通常貯金と定期性貯金を合わせて1,300万円が預入限度額となっていたが、2019年4月1日から、それぞれ2,000万円に変更された。

2019年9月

重要度 B

05 元金2,500,000円を、年利4％（1年複利）で3年間運用した場合の元利合計額は、税金や手数料等を考慮しない場合、2,812,160円である。2024年1月

債券投資 重要度 A

06 残存期間や表面利率（クーポンレート）等の他の条件が同一であれば、一般に、格付の高い債券ほど安全性が高いため、利回りが高くなる。 2019年9月

投資信託 重要度 A

07 株式投資信託の運用において、個別銘柄の投資指標の分析や企業業績などのリサーチによって投資対象とする銘柄を選定し、その積上げによりポートフォリオを構築する手法を、ボトムアップ・アプローチという。

2022年9月

重要度 B

08 東京証券取引所に上場されているETF（上場投資信託）には、海外の株価指数などに連動する銘柄もある。
2018年1月

04 ゆうちょ銀行の預入限度額は、2019年4月1日から1人当たり通常貯金1,300万円、定期性貯金1,300万円の**合計2,600万円**に変更された。

テキストp.194 解答 ×

05 複利の計算式は、「**元本×(1＋利率)^{年数}**」なので
$2,500,000$円$×(1＋0.04)^3=2,812,160$円

テキストp.196 解答 ○

06 他の条件が同一であれば、一般に、格付の高い債券ほど**安全性が高い**ため、利回りは低くなる。

テキストp.201 解答 ×

07 個別銘柄の投資指標の分析や企業業績などのリサーチによって投資判断をし、その積上げによりポートフォリオを構築する手法を、**ボトムアップ・アプローチ**という。一方、マクロ経済の動向や社会全体の動向を見て、ポートフォリオを構築する手法を**トップダウン・アプローチ**という。

テキストp.208 解答 ○

08 東京証券取引所に上場されている**ETF（上場投資信託）**には、国内のTOPIXなどの株価指数だけでなく、海外の株価指数や原油・金などの商品価格に連動する銘柄もある。

テキストp.211 解答 ○

09 証券取引所での株式の売買において、ある銘柄の株式に価格の異なる複数の買い指値注文がある場合は、指値の低い注文から優先して売買が成立する。

2019年1月

10 日経平均株価は、東京証券取引所プライム市場に上場している代表的な225銘柄を対象として算出される株価指標である。

2020年1月・改

09 証券取引所の取引には「価格優先の原則」「時間優先の原則」「成行注文優先の原則」という、取引を成立させるための3つの原則がある。複数の買い指値注文がある場合は、最も価格の高い注文から優先して売買が成立する。

➡ テキストp.213,214　解答　×

10 日経平均株価は、東京証券取引所プライム市場に上場している代表的な225銘柄を対象とした修正平均株価(株価の権利落ちや銘柄の入替えがあっても連続性を失わないように工夫してある)である。

➡ テキストp.215　解答　○

おさらいするニャ

代表的な株式指標

市場全体の時価総額	上場している全銘柄の株価(終値)に発行済株式数を掛けて合計したもの。これによって株式市場の規模を知ることができる
売買高	1日に売買が成立した株数。出来高ともいう
売買代金	1日に売買が成立した代金の合計額。売買高を金額で表したもの
日経平均株価 (日経225)	・東証プライム市場に上場している代表的な225銘柄を対象とした修正平均型の株価指数 ・株価の権利落ちや銘柄の入替えなどがあっても連続性を失わないように工夫されている ・一部の値がさ株(株価の高い銘柄)等の値動きに影響を受けやすい
東証株価指数 (TOPIX)	・発行済株式総数でウエイトをつけた時価総額加重型の株価指数 ・東京証券取引所第1部に上場している全銘柄を対象としてきたが、2022年4月4日の市場区分に伴い、銘柄の見直しを2022年10月から2025年1月末にかけて段階的に行っている。 ・2006年7月以降、実際に市場に流通している株式のみを対象とした算出方法(浮動株指数)に変更 ・時価総額の大きい銘柄の影響を受けやすい
JPX日経インデックス400 (JPX日経400)	・2014年1月からの指標 ・東証全体(プライム市場、スタンダード市場、グロース市場)のなかで、一定の要件(資本を効率的に活用しているかなど)を満たした400社(400銘柄)で構成される株価指数 ・日本取引所グループ、東京証券取引所、日本経済新聞社が共同で開発したもの ・基準日(2013年8月30日)を10,000ポイントとして指数を算出

11 X社の株価が1,200円、1株当たり純利益が36円、1株当たり年間配当金が24円である場合、X社株式の配当利回りは、2％である。　2019年5月

外貨建て金融商品

12 外貨預金の払戻し時において、預入金融機関が提示する対顧客電信買相場（TTB）は、預金者が外貨を円貨に換える際に適用される為替レートである。

2023年1月

金融派生商品

13 オプション取引において、他の条件が同じであれば、満期までの残存期間が短いほど、プレミアム（オプション料）は高くなる。　2022年9月

11 配当利回り（％）は、1株当たり年間配当金÷株価×100で求める。したがって、24円÷1,200円×100＝2％　である。

➡ テキストp.216　解答　○

12 金融機関が提示する**対顧客電信買相場（ＴＴＢ）**は、顧客（この場合は預金者）が外貨を円貨に換える際に適用される為替レートである。逆に、顧客が円貨を外貨に換える際には、**対顧客電信売相場（TTS)**が適用される。

➡ テキストp.225　解答　○

13 オプション取引において、他の条件が同じであれば、満期までの残存期間が短ければ、利益はほぼ確定しているため、プレミアム（オプション料。オプションの権利に対する価格）は低くなる。**残存期間が長ければ、今後の値動きによって利益が増えることも期待できるため、プレミアムは高くなる。**

➡ テキストp.229　解答　×

おさらいするニャ

為替レート

TTS	対顧客電信売相場	円貨を外貨に換える際のレート
TTB	対顧客電信買相場	外貨を円貨に換える際のレート
TTM	仲値	顧客と為替取引をする際の基準相場。各金融機関で毎日、その日の為替相場をもとに決めている

＊TTS = Telegraphic Transfer Selling Rate
TTB = Telegraphic Transfer Buying Rate
TTM = Telegraphic Transfer Middle Rate

14 2資産で構成されるポートフォリオにおいて、2資産間の相関係数が1である場合、ポートフォリオのリスク低減効果は最大となる。 2019年5月

15 新NISA（非課税累積投資契約に係る少額投資非課税制度）の「つみたて投資枠」において、上場株式は投資対象商品とされていない。 2022年9月・改

14 相関係数はポートフォリオに組み込まれている証券間の変動の関連性の強さを表す尺度であり、－1から1の範囲の数値で表される。－1に近いほど値動きは反対の動きをするので、ポートフォリオのリスク低減効果が最も大きくなるのは、相関係数が－1であるときである。

➡ テキストp.227 　解答　✕

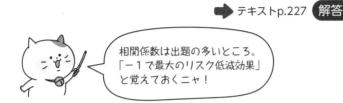

相関係数は出題の多いところ。
「－1で最大のリスク低減効果」
と覚えておくニャ！

15 新NISAのつみたて投資枠の投資対象商品は、長期の積立・分散投資に適した一定の投資信託に限られ、上場株式は投資対象商品とされていない。

➡ テキストp.233,234 　解答　○

〰️ おさらいするニャ

相関係数の動き

相関係数＝1のとき	その証券同士はまったく同一方向に動く
相関係数＝0のとき	その証券同士の動きはまったく関係がない
相関係数＝－1のとき	その証券同士はまったく逆に動く

次の各文章の( )内にあてはまる最も適切な文章、語句、数字またはそれらの組み合わせを1)〜3)のなかから選び、その記号をマークしなさい。

マーケット環境の理解　　　　　　　　　　　　　　**重要度 B**

16　日本銀行の金融政策の1つである（　①　）により、日本銀行が金融機関の保有する有価証券の買入を行えば、市中に出回る資金量が（　②　）する。

　　1）①　預金準備率操作　　②　増加
　　2）①　公開市場操作　　②　増加
　　3）①　公開市場操作　　②　減少　　　　　　　　　　2020年1月

預貯金　　　　　　　　　　　　　　　　　　　　　**重要度 B**

17　元金2,000,000円を、年利2％（1年複利）で3年間運用した場合の元利合計金額は、税金や手数料等を考慮しない場合、（　　）である。

　　1）2,097,544円
　　2）2,120,000円
　　3）2,122,416円　　　　　　　　　　　　　　　　　2018年1月

解説

16 日銀の金融政策の１つである公開市場操作には、買いオペレーションと売りオペレーションの２つがある。公開市場操作により、日銀が金融機関の保有する有価証券の買入（買いオペレーション）を行えば、金融機関の資金量が増えて、貸出金利が下がる効果が期待される。

➡ テキストp.185　解答　2

17 １年複利の計算式（税引前）は、「満期時の元利合計＝元本×（１＋利率)^{年数}」なので、
$200万円 \times (1 + 0.02)^3 = 2{,}122{,}416$円

➡ テキストp.196　解答　3

半年複利の場合は、利率は「年利率÷２」、年数部分は「年数×２」として計算するよ

おさらいするニャ

複利の計算式（税引前）

満期時の元利合計 ＝元本 ×（１＋利率*)n**

＊利率…１年複利＝年利率、半年複利＝年利率÷２、１ヵ月複利＝年利率÷12

＊＊n……１年複利＝年数、半年複利＝年数×２、１ヵ月複利＝月数（年数×12）

18 個人向け国債は、金利の下限が年（　①　）とされ、購入単価は最低
（　②　）から（　②　）単位である。

1）① 0.03%　　　② 10万円
2）① 0.05%　　　② 1万円
3）① 0.05%　　　② 10万円

2020年1月

19 表面利率（クーポンレート）4%、残存期間5年の固定利付債券を額面100
円当たり104円で購入した場合の最終利回り（年率・単利）は、（　　）であ
る。なお、税金等は考慮しないものとし、計算結果は表示単位の小数点以
下第3位を四捨五入している。

1）3.08%
2）3.20%
3）3.33

2024年1月

18 個人向け国債には年率0.05％の最低金利保証があり、最低1万円から1万円単位で購入することができる。

➡ テキストp.199 解答 **2**

19

$$最終利回り（％）= \frac{表面利率（％）+ \dfrac{額面（100円）- 買付価格}{残存年限（期間）}}{買付価格} ×100$$

で計算されるので、

$$所有期間利回り（％）= \frac{4 + \dfrac{100-104}{5}}{104} ×100 ≒ 3.0769\cdots$$
$$= 3.08$$

➡ テキストp.202 解答 **1**

債券の利回り計算は頻出されているよ。
簡単にいうと、1年当たりの平均収益を
投資した金額で割ると求められるってこ
とだニャ

20 株式の投資指標のうち、（　　）は、株価を1株当たり当期純利益で除して算出される。

1）PBR
2）PER
3）BPS

2024年1月

21 2資産で構成されるポートフォリオにおいて、2資産間の相関係数が－1である場合、両資産が（　　）値動きをするため、理論上、リスクの低減効果は最大となる。

1）逆の
2）関係のない
3）同じ

2020年1月

20 PER（株式収益率）は、株価が1株当たりの純利益の何倍になっているかを示す指標で、株価を1株当たり当期純利益で除して算出される。PERが低いほど株価は**割安**、高いほど株価は**割高**と判断される。

➡ テキストp.217 解答 2

21 相関係数は、ポートフォリオに組み入れられている証券同士の変動の関連性の強さを示す尺度のことで、−1から1の範囲で表される。相関係数が−1に近いほど値動きが逆になり、リスクの軽減効果が大きくなる。

➡ テキストp.227 解答 1

22 追加型株式投資信託を基準価額 1 万2,000円で 1 万口購入した後、最初の決算時に 1 万口当たり400円の収益分配金が支払われ、分配落ち後の基準価額が 1 万1,700円となった場合、その収益分配金のうち、普通分配金は（ ① ）であり、元本払戻金（特別分配金）は（ ② ）である。

1) ① 100円 ② 300円
2) ① 300円 ② 100円
3) ① 400円 ② 300円

2019年 1 月

23 新NISAのつみたて投資枠勘定に受け入れることができる限度額は年間（ ① ）で、その非課税期間は（ ② ）である。

1) ① 120万円 ② 20年間
2) ① 120万円 ② 無期限
3) ① 240万円 ② 無期限

2019年 1 月・改

解説

22 投資信託の**普通分配金**は、決算時の基準価額が個別元本と同額またはそれを上回る場合の分配金であり、**特別分配金**は、決算日の基準価額が個別元本を下回る場合の差額を指す。

設問の場合の個別元本(購入時の基準価額)は1万2,000円、分配落ち後の基準価額が1万1,700円で、収益分配金が400円であることから、

特別分配金：1万2,000円 − 1万1,700円 = 300円···②

普通分配金：400円 − 300円 = 100円···①

➡ テキストp.231,232　解答　**1**

23 新NISAのつみたて投資枠勘定に受け入れることができる限度額は年間**120万円**で、その非課税期間は**無期限**であるが、いつでも途中で売却することもできる。成長投資枠との併用も可。

➡ テキストp.233,234　解答　**2**

おさらいするニャ

投資信託の分類

運用対象による分類	
公社債投資信託	・公共債や事業債を中心に運用する投資信託。株式に投資することはできない
株式投資信託	・株式に投資することが可能な投資信託
購入時期による分類	
単位型(ユニット型)	・ファンドの購入は、募集期間に限られている。追加購入できない。あらかじめ運用期間(信託期間)が定められている
追加型(オープン型)	・ファンド設定後も追加購入ができる。換金は時価に基づいて自由に行うことができる。現在の投資信託の主流
解約ができるかどうかによる分類	
オープンエンド型	・いつでも解約することができる
クローズドエンド型	・解約できない。換金するときは市場で売却する

タックスプランニング

次の各文章を読んで、正しいものまたは適切なものには
○を、誤っているものまたは不適切なものには×をつけ
なさい。

わが国の税制　　　　重要度 **B**

01　所得税においては、原則として、超過累進税率が採用されており、課税所
得金額が多くなるに従って税率が高くなる。　　　　2020年1月

所得税の基本　　　　重要度 **B**

02　所得税法における居住者（非永住者を除く）は、原則として、国内で生じた
所得について所得税の納税義務は生じるが、国外で生じた所得について所
得税の納税義務は生じない。　　　　2019年5月

重要度 **A**

03　所得税において、医療保険の被保険者が病気で入院したことにより受け
取った入院給付金は、非課税である。　　　　2022年1月

解説

01 所得税には、超過累進税率が適用されている。相続税や贈与税も超過累進税率である。

 テキストp.243 解答 ○

02 所得税法における居住者（非永住者を除く）は、国内外のすべての所得が課税対象となる。

 テキストp.244 解答 ×

03 生命（医療）保険契約に基づく入院給付金や手術給付金は**非課税**である。そのほか、**給与所得者の通勤手当（月額15万円まで）**、雇用保険の失業等給付、国民年金等の障害給付・遺族給付、国内の宝くじの当せん金なども非課税所得である。

テキストp.245 解答 ○

非課税所得は、
頻出項目だニャ

おさらいするニャ

非課税所得の例

・給与所得者の通勤手当（月額15万円まで）

・雇用保険の失業等給付

・公的年金の障害給付（障害年金）や遺族給付（遺族年金）

・損害賠償金

・損害保険金

・国内の宝くじの当せん金

（海外の宝くじは一時所得として課税される）

04 個人が賃貸アパートの敷地および建物を売却したことにより生じた所得は、不動産所得となる。

2024年1月

05 所得税において、一時所得の金額は、その年中の一時所得に係る総収入金額からその収入を得るために直接支出した金額の合計額を控除し、その残額から特別控除額(最高50万円)を控除した金額であり、その金額が総所得金額に算入される。

2020年1月

課税標準の計算

06 不動産所得の金額の計算上生じた損失の金額のうち、不動産所得を生ずべき土地等を取得するために要した負債の利子の額に相当する部分の金額は、損益通算の対象とならない。

2019年1月

04 個人が賃貸アパートの敷地および建物を売却したことにより生じた所得は、譲渡所得となる。賃貸アパートや事務所の貸付によって生じた所得は、事業規模にかかわらず不動産所得となる。

テキストp.256,263　解答　✕

05 所得税において、一時所得の金額は、その年中の一時所得に係る総収入金額からその収入を得るために直接支出した金額の合計額を控除し、その残額から特別控除額（最高50万円）を控除した金額であり、その金額の2分の1が総所得金額に算入される。

テキストp.265　解答　✕

06 不動産所得の金額の計算上生じた損失の金額のうち、不動産所得を生ずべき土地等を取得するために必要であった借入金等の負債の利子に相当する金額は、損益通算の対象とはならない。建物を建てるための借入金等の負債の利子に相当する金額は、損益通算の対象となる。

テキストp.273　解答　○

おさらいするニャ

損益通算の対象とならない損失

不動産所得

　・土地取得のための借入金の利子（ローン金利）

譲渡所得

　・土地・建物の譲渡による損失＊

　・株式等の譲渡による損失＊＊

　・生活に通常必要でない資産の譲渡損失

　＊自分が住む家など、特定の居住用資産の譲渡損失については、損益通算できる特例がある。

　＊＊上場株式等の譲渡損失は、申告分離課税を選択した上場株式等の配当所得の金額と損益通算が可能。

07 所得税において、青色申告者に損益通算してもなお控除しきれない損失の金額（純損失の金額）が生じた場合、その損失の金額を翌年以後最長で５年間繰り越して、翌年以後の所得金額から控除することができる。 2022年9月

所得控除

重要度 A

08 確定拠出年金の個人型年金において加入者が拠出した掛金は、その２分の１相当額が小規模企業共済等掛金控除として所得控除の対象となる。

2019年5月

09 所得税において、人間ドックの受診費用は、その人間ドックによって特に異常が発見されなかった場合であっても、医療費控除の対象となる。

2019年9月

税額控除

重要度 A

10 住宅ローンを利用して住宅を新築した個人が、所得税の住宅借入金等特別控除の適用を受けるためには、当該住宅を新築した日から１カ月以内に自己の居住の用に供さなければならない。 2023年1月

解説

07 所得税において、青色申告者に損益通算してもなお控除しきれない損失の金額（純損失の金額）が生じた場合、その損失の金額を翌年以後最長で3年間繰り越して、翌年以後の所得金額から控除することができる。

 テキストp.275 解答 ×

08 確定拠出年金の個人型年金において加入者が拠出した掛金は、その**全額**が**小規模企業共済等掛金控除**として所得控除の対象となる。

 テキストp.287,290 解答 ×

09 人間ドックの受診費用は、その人間ドックによって**重大な病気が発見**された場合には、**医療費控除の対象**となる。

 テキストp.288 解答 ×

10 住宅ローンを利用して住宅を新築した個人が、所得税の住宅借入金等特別控除の適用を受けるためには、当該住宅を新築した日から6カ月以内に自己の居住の用に供さなければならない。

 テキストp.298 解答 ×

11 上場不動産投資信託（J-REIT）の分配金は配当所得となり、所得税の配当控除の対象となる。

2022年1月

12 給与所得者のうち、その年中に支払を受けるべき給与の収入金額が1,000万円を超える者は、所得税の確定申告をしなければならない。　2020年1月

11 上場不動産投資信託(J-REIT)の分配金は配当所得となるが、所得税の配当控除の対象とはならない。

 テキストp.299 解答 ×

12 給与所得者のうち、その年中に支払を受けるべき給与の収入金額が2,000万円を超える者は、所得税の確定申告をしなければならない。2ヵ所以上から給与の支払を受けている人、給与所得・退職所得以外の所得が20万円を超えている人なども、確定申告の必要がある。

➡ テキストp.302 解答 ×

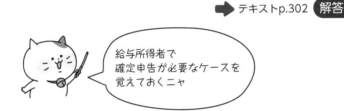

給与所得者で
確定申告が必要なケースを
覚えておくニャ

⊖ おさらいするニャ

給与所得者で確定申告が必要な場合の例

- 給与収入が2,000万円を超えている人
- 2ヵ所以上から給与の支払を受けている人
- 給与所得、退職所得以外の所得が20万円を超えている人
- 雑損控除、医療費控除、寄附金控除*を受ける人
- 住宅借入金等特別控除を受けるとき（最初の年分のみ必要。2年目以降は年末調整可）
- 配当控除などの税額控除を受けるとき

*確定申告の不要な給与所得者等がふるさと納税を行う場合、「ふるさと納税ワンストップ特例制度」を利用すれば、確定申告を行わなくてもふるさと納税の寄附金控除（住民税のみ）を受けられます。特例の申請にはふるさと納税先の自治体数が5団体以内で、ふるさと納税を行う際に各ふるさと納税先の自治体に特例の適用に関する申請書を提出する必要があります。

次の各文章の（　）内にあてはまる最も適切な文章、語句、数字またはそれらの組み合わせを1)〜3)のなかから選び、その記号をマークしなさい。

所得税の基本

13 個人が、相続、遺贈または個人からの贈与により取得するものは、所得税においては（　　）となる。

1） 非課税所得
2） 譲渡所得
3） 雑所得

2019年9月

それぞれの所得と計算方法

14 所得税において、事業的規模で行われている賃貸マンションの貸付による所得は、（　　）に該当する。

1） 不動産所得
2） 事業所得
3） 給与所得

2019年1月

重要度 A

15 36年間勤務した会社を定年退職した給与所得者の所得税における退職所得の金額を計算する際の退職所得控除額は、（　　）となる。

1） 800万円＋70万円×（36年−20年）×1/2＝1,360万円
2） 800万円＋40万円×（36年−20年）＝1,440万円
3） 800万円＋70万円×（36年−20年）＝1,920万円

2020年1月

解説

13 相続・遺贈されるものは相続税、贈与されるものは贈与税の課税対象となるため、所得税においては非課税所得となる。

テキストp.245 解答 **1**

14 不動産の貸付は事業的規模かどうかを問わず、不動産所得となる。

テキストp.256 解答 **1**

15 勤続20年以上の場合の**退職所得控除額**は、800万円＋70万円×（勤続年数－20年）で求められる。したがって、設問の退職所得控除額は800万円＋70万円×（36年－20年）＝1,920万円である。

テキストp.261,262 解答 **3**

16 所得税において、為替予約を締結していない外貨定期預金を満期時に円貨で払い戻した結果生じた為替差益は、（　　）として総合課税の対象となる。

1）利子所得
2）一時所得
3）雑所得

2024年1月

課税標準の計算　

17 所得税において、不動産所得、（　　）、山林所得、譲渡所得の金額の計算上生じた損失の金額は、一定の場合を除き、他の所得の金額と損益通算することができる。

1）一時所得
2）雑所得
3）事業所得

2022年1月

解説

16 為替予約を締結していない外貨定期預金を満期時に円貨で払い戻した結果生じた為替差益は、雑所得として総合課税の対象となる。為替予約を締結していた外貨定期預金は、利子所得として20.315%の源泉分離課税となる。

 テキストp.235,265 解答 3

17 損益通算できるのは、不動産所得、事業所得、山林所得、譲渡所得である。

 テキストp.273 解答 3

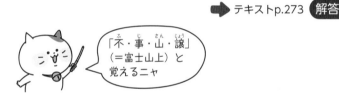

「不・事・山・譲」
（＝富士山上）と
覚えるニャ

18 Aさんの2024年分の各種所得の金額が下記の〈資料〉のとおりであった場合、損益通算後の総所得金額は（　　）となる。なお、各種所得の金額に付されている「▲」は、その所得に損失が生じていることを表すものとする。

〈資料〉Aさんの2024年分の各種所得の金額

不動産所得の金額	750万円
雑所得の金額	▲50万円
事業所得の金額（株式等に係るものを除く）	▲150万円

1）550万円
2）600万円
3）700万円

2019年9月・改

19 年末調整の対象となる給与所得者は、所定の手続により、年末調整で所得税の（　　）の適用を受けることができる。

1）雑損控除
2）寄附金控除
3）小規模企業共済等掛金控除

2024年1月

78

18 損益通算できるのは、ふじさんじょうの所得(**不動産所得・事業所得・山林所得・譲渡所得**)である。したがって、設問の損益通算後の総所得金額は、750万円(不動産所得) − 150万円(事業所得の赤字分) + 0円(雑所得) = 600万円となる。雑所得は損益通算できないので、金額が▲(赤字)であっても、0円とみなして計算する。

➡ テキストp.273 　解答 　2

19 年末調整の対象となる給与所得者は、所定の手続により、**年末調整で所得税の小規模企業共済等掛金控除の適用**を受けることができる。雑損控除や寄付金控除(ふるさと納税でワンストップ特例制度を利用している場合を除く)、医療費控除は、確定申告が必要である。

➡ テキストp.287,290 　解答 　3

20 所得税における医療費控除の控除額は、その年中に支払った医療費の金額の合計額（保険金等により補てんされる部分の金額を除く）が、その年分の総所得金額等の合計額の5％相当額または（　　　）のいずれか低いほうの金額を超える部分の金額（最高200万円）である。

1）5万円
2）10万円
3）20万円

2018年1月

21 住宅ローンを利用してマンションを取得し、所得税における住宅借入金等特別控除の適用を受ける場合、借入金の償還期間は、最低（　　　）以上なければならない。

1）10年
2）20年
3）25年

2021年1月

解説

20 所得税における医療費控除の控除額は、「その年中に支払った医療費の金額の合計額－保険金等により補てんされる金額－10万円」で計算される。ただし、「10万円」は、総所得金額等が200万円未満の場合は、「総所得金額等×5％」で計算される。また、「保険金等により補てんされる金額」は、健康保険の高額療養費・出産育児一時金・生命保険等の入院給付金などが該当する。

 テキストp.287 解答 **2**

21 住宅ローンを利用して自宅を取得し、所得税における住宅借入金等特別控除の適用を受ける場合、借入金の償還期間は、最低10年以上なければならない。勤務先からの借入も対象となるが、金利は0.2％以上でなければならない。

➡ テキストp.298 解答 **1**

―――おさらいするニャ―――

医療費控除の計算

控除額* ＝実際に支払った医療費の合計額

－保険金などで補てんされる金額**

－10万円***

＊控除額の上限は200万円。

＊＊保険金などで補てんされる金額……健康保険の高額療養費・出産育児一時金や生命保険等の入院給付金など。

＊＊＊総所得金額等が200万円未満の場合は、総所得金額等×5％。

不動産の見方

重要度 B

01 不動産の権利関係を確認するために、当該不動産の所有者以外の者であっても、登記事項証明書の交付を請求することができる。 2020年1月

重要度 B

02 土地の登記記録の表題部には、所有権に関する事項が記録される。 2021年9月

重要度 A

03 登記の記載を信頼して不動産を取得した者は、記載されていた登記名義人が真実の権利者ではなかった場合でも、原則として、その不動産に対する権利が認められる。 2015年9月

解説

01 **登記事項証明書**は所定の手続きをすれば、だれでも交付を請求することができる。

 テキストp.315 解答 ○

02 土地の登記記録の**表題部**には、所在や地番などの**表示**に関する**事項**が記録される。**所有権**に関する事項は権利部の甲区に記録される。

 テキストp.316 解答 ×

03 不動産登記には**対抗力**(権利の得失または変更を第三者に対して主張できる法的な効力のこと)はあるが、**公信力**(登記を信頼して、登記記録に記載されている者と取引した者が保護される効力)が**ない**ため、登記記録を信じて取引した場合であっても保護されない。

テキストp.317 解答 ×

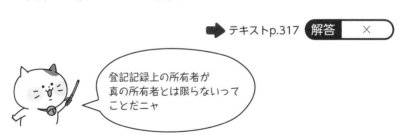

登記記録上の所有者が
真の所有者とは限らないって
ことだニャ

重要度 B

04 アパートやマンションの所有者が、当該建物の賃貸を自ら業として行う場合には、宅地建物取引業の免許を取得する必要がある。 2020年1月

重要度 A

05 不動産取引において、買主が売主に解約手付を交付したときは、相手方が契約の履行に着手するまでは、買主はその手付を放棄することで、売主はその手付を返還することで、それぞれ契約を解除することができる。

2019年5月

重要度 B

06 借地借家法では、借地権設定契約を締結する場合の存続期間は、堅固建物では30年以上、非堅固建物では20年以上とされている。 2018年5月

重要度 B

07 借地借家法において、事業用定期借地権等の設定を目的とする契約は、公正証書によってしなければならない。 2023年1月

重要度 A

08 借地借家法の規定では、定期建物賃貸借契約（定期借家契約）の期間満了時、借主から更新の請求があった場合、貸主は、正当の事由がなければ、その更新の請求を拒むことができない。 2020年1月

04 建物の所有者が当該建物の賃貸を自ら業として行う場合には、宅地建物取引業の免許は必要ない。宅地建物取引業とは、土地や建物について「自ら売買・交換する」「他人の代わりに売買・交換・貸借を行う」「他人の売買・交換・貸借を仲介する」ことを業として行うことをいう。

 テキストp.325　解答　×

05 不動産取引において、買主が売主に解約手付を交付したときは、相手方が契約の履行に着手するまでは、買主はその手付を放棄することで、売主はその手付の倍額を返還することで、それぞれ契約を解除することができる。

 テキストp.328　解答　×

06 借地権の存続期間は、建物の種類にかかわらず、30年以上とされている。

 テキストp.330　解答　×

07 借地借家法において、事業用定期借地権等の設定を目的とする契約は、公正証書によってしなければならない。

 テキストp.331　解答　○

08 定期建物賃貸借契約(定期借家契約)は一定期間だけの借家権であり、期間が満了すれば契約は更新されない。

 テキストp.332　解答　×

09 建築基準法において、建築物の敷地が2つの異なる用途地域にわたる場合、その建築物またはその敷地の全部について、敷地の過半の属する用途地域の建築物の用途に関する規定が適用される。 2019年9月

10 都市計画法において、市街化区域内で行う開発行為は、その規模にかかわらず、都道府県知事等の許可を受けなければならない。 2021年1月

11 建築基準法の規定によれば、第一種低層住居専用地域内における建築物の高さは、原則として10mまたは20mのうち当該地域に関する都市計画において定められた建築物の高さの限度を超えてはならない。 2019年1月

12 建築基準法の規定によれば、建蔽率の限度が80%の近隣商業地域内で、かつ、防火地域内にある耐火建築物については、建蔽率に関する制限の規定は適用されない。 2019年1月

不動産にかかる税金

13 不動産取得税は、相続人が不動産を相続により取得した場合には課されない。 2024年1月

解説

09 建築基準法において、建築物の敷地が2つの異なる用途地域にわたる場合、その建築物またはその敷地の全部について、**敷地の過半の属する(全体に占める面積が大きいほうの)**用途地域の建築物の用途に関する規定が適用される。

➡ テキストp.340,341  解答 ◯

10 **市街化区域**内で行う開発行為は、1,000㎡未満であれば、都道府県知事等の許可は不要である。市街化調整区域の場合は、原則、規模にかかわらず都道府県知事等の許可が必要である。

➡ テキストp.338  解答 ×

11 建築基準法により、第一種・第二種低層住居専用地域では、高さ10mまたは12m(絶対高さ制限)のうち、都市計画で定めた高さの限度を超える建築物を建築できない。

➡ テキストp.341  解答 ×

12 建築基準法の規定によれば、建蔽率の限度が80％の地域内で、かつ、防火地域内にある耐火建築物については、建蔽率に関する制限の規定は適用されない。

➡ テキストp.342  解答 ◯

13 不動産取得税は、都道府県が課税する地方税で、不動産を相続や遺贈により取得した場合には課されない。贈与の場合は、課税される。

➡ テキストp.353  解答 ◯

14 土地の譲渡所得のうち、その土地を譲渡した日の属する年の1月1日における所有期間が10年以下のものについては、短期譲渡所得に区分される。

2020年1月

15 「居住用財産を譲渡した場合の3,000万円の特別控除」の適用が受けられるのは、譲渡した日の属する年の1月1日において、所有期間が5年を超える居住用財産を譲渡した場合に限られる。

2022年5月

16 「被相続人の居住用財産(空き家)に係る譲渡所得の特別控除の特例」の適用を受けるためには、相続税の申告期限までに当該譲渡を行わなければならない。

2018年5月

14 土地の譲渡所得のうち、その土地を譲渡した日の属する年の1月1日における所有期間が5年以下のものについては、短期譲渡所得に区分される。

テキストp.360　解答　×

15 「居住用財産を譲渡した場合の3,000万円の特別控除」は、所有期間を問わず、その他の要件を満たしていれば適用が受けられる。

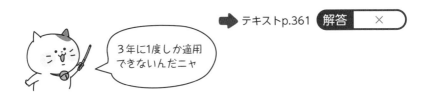

3年に1度しか適用できないんだニャ

テキストp.361　解答　×

16 「被相続人の居住用財産（空き家）に係る譲渡所得の特別控除の特例」の適用を受けるためには、相続の開始があった日から3年を経過する日の属する年の12月31日までに譲渡することなどの条件を満たす必要があるが、相続税の申告期限までに当該譲渡を行うことは要件ではない。

テキストp.361　解答　×

おさらいするニャ

居住用財産の3,000万円特別控除の特例のおもな要件

・個人が自己の居住用財産を譲渡する場合であること

・譲渡した相手が、配偶者や直系血族、生計を一にしている親族・同族会社などの特別な関係でないこと

・前年、前々年に、この特例や「特定の居住用財産の買換え特例」「譲渡損失の繰越控除の特例」を受けていないこと（3年に1回なら適用可能）

・以前住んでいて、現在居住していない場合は、住まなくなってから3年目の年の12月31日までに譲渡すること

次の各文章の( )内にあてはまる最も適切な文章、語句、数字またはそれらの組み合わせを1)～3)のなかから選び、その記号をマークしなさい。

不動産の見方

17 土地および家屋に係る固定資産税評価額は、原則として、( )ごとの基準年度において評価替えが行われる。

1)2年
2)3年
3)5年

2022年9月

不動産取引

18 借地借家法の規定によれば、建物の賃貸借契約(定期建物賃貸借契約を除く)において、( )未満の期間を賃貸借期間として定めた場合、期間の定めがない賃貸借とみなされる。

1)1年
2)1年6ヵ月
3)2年

2019年1月

解説

17 土地・家屋に係る固定資産税の課税標準となる価格は、原則として、3年ごとの基準年度において評価替えが行われる。

 テキストp.318　解答　2

18 普通借家権の契約の存続期間は原則として1年以上とされており、1年未満の期間を賃貸借期間として定めた場合には、期間の定めのない賃貸借とみなされる。

 テキストp.331　解答　1

19 宅地または建物の売買または交換の媒介契約のうち、（ ① ）では、依頼者は他の宅地建物取引業者に重ねて媒介の依頼をすることが禁じられるが、（ ② ）では、依頼者は他の宅地建物取引業者に重ねて媒介の依頼をすることができる。

1） ① 専任媒介契約　② 専属専任媒介契約
2） ① 専任媒介契約　② 一般媒介契約
3） ① 一般媒介契約　② 専任媒介契約　　　　　　2018年1月

19 宅地または建物の売買または交換の媒介契約のうち、専属専任媒介契約や専任媒介契約では、依頼者は他の宅地建物取引業者に重ねて媒介の依頼をすることが禁じられるが、一般媒介契約では、依頼者は他の宅地建物取引業者に重ねて媒介の依頼をすることができる。

➡ テキストp.327　解答　**2**

━ おさらいするニャ ━

媒介契約の3つの種類

	契約期間	依頼者ができること		宅地建物取引業者の義務	
		他の業者に同時に依頼	自分で取引相手を見つける（自己発見取引）	依頼者への報告義務	指定流通機構への物件登録義務
一般媒介	制限なし	○ できる	○ できる	× なし	× なし
専任媒介	3ヵ月以内	× できない	○ できる	○ あり（2週間に1回以上）	○ あり（契約日から7日以内に登録）
専属専任媒介	3ヵ月以内	× できない	× できない	○ あり（1週間に1回以上）	○ あり（契約日から5日以内に登録）

不動産に関する法令

20 都市計画法によれば、市街化調整区域は、（　　　）とされている。

1）既に市街地を形成している区域
2）市街化を抑制すべき区域
3）優先的かつ計画的に市街化を図るべき区域　　　　　2024年1月

21 都市計画区域内にある幅員4m未満の道で、建築基準法第42条2項により道路とみなされるものについては、原則として、その中心線から水平距離で（　　　）後退した線がその道路の境界線とみなされる。

1）2m
2）3m
3）4m　　　　　2022年1月

解説

20 都市計画法によれば、**市街化調整区域**は、「**市街化を抑制すべき区域**」とされている。

➡ テキストp.337　解答　**2**

21 建築基準法の規定には、都市計画区域および準都市計画区域内の建築物の敷地は、原則として、**幅員4m以上**の道路に**2m以上**接しなければならないという、いわゆる接道義務とよばれる規定がある。ただし、4m未満の道でも、特定行政庁の指定により建築が認められている道路もある（2項道路）。2項道路は、その中心線から水平距離で2m後退（セットバック）した線がその道路の境界線とみなされる。

➡ テキストp.339,340　解答　**1**

◯ おさらいするニャ

セットバック

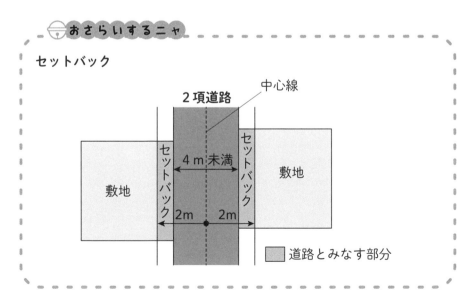

22 建築基準法の規定によれば、第二種低層住居専用地域内における建築物の高さは、原則として（　　）のうち当該地域に関する都市計画において定められた建築物の高さの限度を超えてはならない。

1）10mまたは12m
2）12mまたは15m
3）10mまたは20m

2019年5月

23 幅員6mの市道に12m接し、面積が300㎡である敷地に、建築面積が120㎡、延べ面積が180㎡の2階建ての住宅を建築する場合、この住宅の建蔽率は、（　　）となる。

1）40％
2）60％
3）100％

2018年5月

解説

22 建築基準法の規定によれば、第二種低層住居専用地域内における建築物の高さは、原則として10mまたは12mのうち当該地域に関する都市計画において定められた建築物の高さの限度を超えてはならないとされている。

➡ テキストp.341　**解答** 1

23 建蔽率は、建築物の建築面積を敷地面積で割って求める。したがって、
120㎡ ÷ 300㎡ × 100 = 40%

➡ テキストp.342　**解答** 1

🔔 おさらいするニャ

建蔽率の計算式

建蔽率（%）= $\dfrac{\text{建築物の建築面積}}{\text{敷地面積}}$ × 100

24 建築物が防火地域および準防火地域にわたる場合においては、原則として、その全部について（　　）内の建築物に関する規定が適用される。

1）防火地域
2）準防火地域
3）敷地の過半が属する地域

2019年9月

25 建物の区分所有等に関する法律（区分所有法）において、規約の変更は、区分所有者および議決権の各（　　）以上の多数による集会の決議によらなければならない。

1）2分の1
2）3分の2
3）4分の3

2022年5月

24 建築物が防火地域および準防火地域にわたる場合においては、原則として、その全部について厳しいほうの地域（本問では防火地域）の建築物に関する規定が適用される。

➡ テキストp.345　解答　**1**

25 建物の区分所有等に関する法律（区分所有法）において、規約の変更は、区分所有者および議決権の各4分の3以上の多数による集会の決議によらなければならない。

➡ テキストp.346　解答　**3**

おさらいするニャ

区分所有法における区分所有者および議決権の要件

決議に必要な数	おもな決議事項
1/5以上	集会の招集
過半数	管理者の選任・解任
3/4以上	規約の設定・変更・廃止、 大規模滅失（建物価格の1/2超）による復旧
4/5以上	建替え（建物を取り壊し、新たに建築する）

26 所有する農地を自宅の建築を目的として宅地に転用する場合、原則として都道府県知事等の許可が必要であるが、市街化区域内にある農地については、あらかじめ（　　）に届出をすれば都道府県知事等の許可は不要である。

1）国土交通大臣
2）市町村長
3）農業委員会

2020年1月

不動産の有効活用

27 投資総額2,000万円で購入した賃貸用不動産の年間収入の合計額が120万円、年間費用の合計額が40万円である場合、この投資の純利回り（NOI利回り）は、（　　）である。

1）3.5%
2）4.0%
3）6.0%

2019年5月

解説

26 農地を農地以外のものに転用する場合、原則として都道府県知事等の許可が必要であるが、**市街化区域**（すでに市街地になっている区域や、今後おおむね10年以内に優先的かつ計画的に市街化を行うべき区域）内にある一定の農地については、あらかじめ**農業委員会**に届出をすれば都道府県知事等の許可を得なくてもよい。

 テキストp.347 解答 **3**

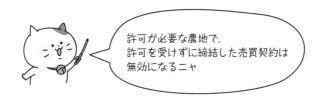

許可が必要な農地で、
許可を受けずに締結した売買契約は
無効になるニャ

27 純利回り（NOI利回り）は、「（年間賃料収入－実質費用）÷投資額×100」で求める。したがって、（120万円－40万円）÷2,000万円×100＝4.0％

テキストp.372 解答 **2**

〜 **おさらいするニャ** 〜

表面利回りの計算式

表面利回り（％）＝ $\dfrac{\text{年間賃料収入}}{\text{投資額}} \times 100$

純利回りの計算式

純利回り（％）＝ $\dfrac{\text{年間賃料収入}－\text{実質費用}}{\text{投資額}} \times 100$

相続・事業承継

学科
試験
○×式

次の各文章を読んで、正しいものまたは適切なものには○を、誤っているものまたは不適切なものには×をつけなさい。

贈与と税金

重要度 **B**

01 贈与は、当事者の一方が財産を無償で相手方に与える意思表示をすれば、相手方が受諾しなくても、その効力が生じる。

2022年1月

重要度 **B**

02 個人が法人からの贈与により取得した財産は、贈与税の課税対象にならない。

2022年1月

解説

01 贈与は、当事者の一方が財産を無償で相手方に与える意思表示をし、相手方が受諾すると同意することで、その効力が生じる。

➡ テキストp.379 解答 ×

02 個人が法人から贈与を受けた財産は、贈与税の課税対象とはならず、一時所得や給与所得として所得税・住民税の課税対象となる。

➡ テキストp.381 解答 ○

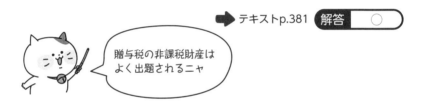

贈与税の非課税財産は
よく出題されるニャ

🔻**おさらいするニャ**

贈与税の非課税財産

非課税財産の内容	留意点
法人からの贈与による財産	贈与税は課税されないが、一時所得や給与所得として所得税・住民税が課税される
扶養義務者から贈与を受けた生活費や教育費	受け取った生活費で預金や投資をした場合、贈与税の対象となる
相続開始の年に被相続人から贈与を受けた財産	原則として相続税の対象となる
香典、贈答、見舞金など	過大な額の場合、贈与税の対象となる
離婚による財産分与	過大な額の場合、贈与税の対象となる

03 子が父から時価300万円の株式を50万円で譲渡を受けた場合、原則として父から子への贈与があったものとみなされ、贈与税の課税対象となる。

2019年9月

相続と法律

04 相続において、養子の法定相続分は、実子の法定相続分の2分の1となる。

2024年1月

05 遺産分割において、共同相続人の1人または数人が、遺産の一部または全部を相続により取得し、他の共同相続人に対して生じた債務を金銭などの財産で負担する方法を代償分割という。

2019年1月

06 被相続人の直系尊属で、法定相続人である者は、遺留分権利者となる。

2022年5月

03 通常の価格(時価)より著しく低い額で財産を取得した場合(低額譲渡)には、贈与があったものとみなされ、**贈与税の課税対象**となる。

➡ テキストp.381 解答 ○

04 相続において、養子の法定相続分は、実子(嫡出子・非嫡出子)の法定相続分と同じである。

➡ テキストp.394 解答 ×

05 遺産分割において、共同相続人のうちの特定の1人または数人が、遺産の現物の一部または全部を相続により取得し、他の共同相続人に対して自身の金銭などの財産を提供する方法を代償分割という。

➡ テキストp.399 解答 ○

06 遺留分権利者になるのは、法定相続人のうち、**配偶者・子(またはその代襲相続人)、直系尊属**である。なお、法定相続人であっても、兄弟姉妹は遺留分権利者とはならない。

➡ テキストp.409 解答 ○

07 自筆証書遺言を作成する場合において、自筆証書に添付する財産目録については、自書によらずパソコンで作成しても差し支えない。 2020年1月

08 公正証書遺言の作成においては、証人の立会いが必要であるが、遺言者の推定相続人はその証人となることができない。 2021年1月

相続税

09 相続税の課税価格の計算上、相続人が負担した葬式の際の香典返戻費用は、相続財産の価額から控除することができる。 2018年9月

重要度 A

10 2024年中に開始する相続において、相続税額の計算における遺産に係る基礎控除額は、「3,000万円＋500万円×法定相続人の数」の算式により求められる。 2019年9月・改

解説

07 自筆証書遺言を作成する場合において、自筆証書に添付する財産目録については、自書によらずパソコンで作成しても差し支えない。また、署名押印をした預貯金通帳のコピー等も認められている。

➡ テキストp.407　解答　◯

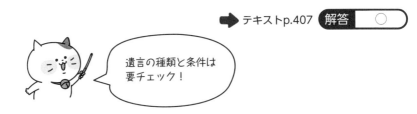

遺言の種類と条件は要チェック！

08 公正証書遺言の作成においては、遺言者の推定相続人はその証人となることができない。その他にも、未成年者、受遺者・その配偶者・直系血族、公証人の配偶者・4親等内の親族・書記・雇人は証人になることができない。

➡ テキストp.407　解答　◯

09 相続税の課税価格の計算上、相続人が負担した通夜や本葬にかかった費用、宗教者への謝礼等は控除できるが、香典返しや法事にかかった費用は控除することはできない。

➡ テキストp.414　解答　×

10 2024年中に開始する相続において、相続税額の計算における遺産に係る基礎控除額は、「3,000万円＋600万円×法定相続人の数」の算式により求められる。

➡ テキストp.420　解答　×

11 「配偶者に対する相続税額の軽減」の適用を受けた場合、配偶者の相続税の課税価格が、相続税の課税価格の合計額に対する配偶者の法定相続分相当額または1億6,000万円のいずれか多い金額までであれば、原則として、配偶者の納付すべき相続税額は算出されない。

2019年9月

12 相続税は、相続税の申告書の提出期限までに金銭により一時に納付することが原則であるが、所定の要件を満たせば、延納による納付方法も認められる。

2018年9月

相続財産の評価

13 取引相場のない株式の相続税評価において、純資産価額方式とは、評価会社の株式の価額を、評価会社と事業内容が類似した上場会社の株価および配当金額、利益金額、純資産価額を基にして算出する方式である。

2020年1月

14 貸家建付地の相続税評価額は、「自用地としての価額×(1－借地権割合)」の算式により算出される。

2023年1月

相続対策

15 生命保険契約において、契約者(＝保険料負担者)および被保険者がAさん、死亡保険金受取人がAさんの配偶者Bさんである場合、Aさんの死亡によりBさんが受け取る死亡保険金は、相続税の課税対象となる。　2018年9月

解説

11 「配偶者に対する相続税額の軽減」の適用を受けた場合、配偶者の相続税の課税価格が、相続税の課税価格の合計額に対する**配偶者の法定相続分相当額または1億6,000万円のいずれか多い金額**までであれば、原則として、配偶者の納付すべき相続税額は算出されない。この控除を受けられるのは、法律上の婚姻関係にある配偶者で、控除を受けた結果、非課税となっても、相続税の申告書を提出する必要がある。

 テキストp.423 解答 ○

12 相続税は、相続税の申告書の提出期限までに金銭により一時に納付することが原則であるが、所定の要件を満たせば、延納(分割納付)による納付方法も認められる。延納には、相続税額が10万円を超えることや、原則として担保を提供することなどの条件がある。

 テキストp.424 解答 ○

13 純資産価額方式とは、評価する会社を解散して清算したと仮定した場合に、株主に帰属する価額がいくらになるかという点から、1株当たりの評価額を算出する方法である。

 テキストp.428 解答 ×

14 貸家建付地の相続税評価額は、「自用地評価額×(1−借地権割合×借家権割合×賃貸割合)」の算式により算出される。

 テキストp.434 解答 ×

15 契約者(=保険料負担者)と被保険者が同じで、死亡保険金受取人が被保険者の相続人である保険契約の場合、死亡保険金は相続税の課税対象となる。

 テキストp.440 解答 ○

次の各文章の（　）内に当てはまる最も適切な文章、語句、数字またはそれらの組み合わせを1）～3）のなかから選び、その記号をマークしなさい。

重要度 B

16 個人が死因贈与によって取得した財産は、課税の対象とならない財産を除き、（　　）の課税対象となる。

1）所得税
2）贈与税
3）相続税

2020年1月

重要度 A

17 贈与税の配偶者控除は、婚姻期間が（　①　）以上である配偶者から居住用不動産または居住用不動産を取得するための金銭の贈与を受け、所定の要件を満たす場合、贈与税の課税価格から基礎控除額のほかに最高で（　②　）を控除することができる特例である。

1）① 10年　　② 2,000万円
2）① 20年　　② 2,000万円
3）① 20年　　② 2,500万円

2024年1月

重要度 A

18 相続時精算課税の適用を受けた場合、特定贈与者ごとに特別控除額として累計（　①　）までの贈与には贈与税が課されず、それを超えた部分については一律（　②　）の税率で贈与税が課される。

1）① 2,000万円　　② 10%
2）① 2,000万円　　② 20%
3）① 2,500万円　　② 20%

2019年1月

110

解説

16 死因贈与とは、贈与者が死亡することで、贈与の効力が生じるものをいう。個人が死因贈与によって取得した財産は、課税の対象とならない財産を除き、**相続税の課税対象**となる。

➡ テキストp.380 　解答　3

17 贈与税の配偶者控除は、**婚姻期間が20年以上である配偶者**から居住用不動産または居住用不動産を取得するための金銭の贈与を受け、所定の要件を満たす場合、贈与税の課税価格から基礎控除額110万円のほかに**最高2,000万円**を控除することができる特例である。この特例を受けるためには、必ず**申告が必要**である。

➡ テキストp.384 　解答　2

18 相続時精算課税の適用を受けた場合、特定贈与者ごとに基礎控除額110万円の他特別控除額として**累計2,500万円**までの贈与には贈与税が課されず、それを超えた部分については**一律20％**の税率で贈与税が課される。この制度を一度選択すると、同じ贈与者については暦年課税に変更することはできない。

➡ テキストp.384 　解答　3

19 50㎡以上の物件を購入するにあたり直系尊属から住宅取得等資金の贈与を受けた場合の贈与税の非課税の適用を受けるためには、受贈者は、贈与を受けた（　①　）において18歳以上であり、贈与を受けた年分の所得税に係る合計所得金額が（　②　）でなければならない。

1）①　日の属する年の1月1日　　②　2,000万円以下
2）①　日　　　　　　　　　　　②　2,000万円以下
3）①　日の属する年の1月1日　　②　3,000万円以下

2018年5月・改

20 相続または遺贈により財産を取得した者が、被相続人の（　　）である場合、その者は相続税の2割加算の対象となる。

1）父母
2）配偶者
3）兄弟姉妹

2022年5月

解説

19 直系尊属から住宅取得等資金の贈与を受けた場合の贈与税の非課税の適用を受けるためには、受贈者は、贈与を受けた日の属する年の1月1日において18歳以上であり、取得する住宅の床面積は50㎡以上240㎡以下で、贈与を受けた年分の所得税に係る合計所得金額が**2,000万円以下**でなければならない。ただし合計所得金額が1,000万円以下である場合に限り、40㎡以上から適用できる。

 テキストp.387 解答 1

20 被相続人の一親等の血族(代襲相続人となった孫(直系卑属)を含む)および配偶者以外の者(兄弟姉妹、甥、姪、代襲相続人でない孫など)である場合には、相続税額の2割加算の対象となる。

 テキストp.423 解答 3

21 下記の〈親族関係図〉において、Aさんの相続における兄Cさんの法定相続分は、（　　）である。

〈親族関係図〉

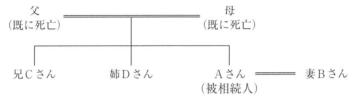

1）4分の1
2）6分の1
3）8分の1

2022年1月

22 下記の〈親族関係図〉において、遺留分算定の基礎となる財産の価額が9,000万円であり、相続人が合計4人である場合、二男Eさんの遺留分の金額は、（　　）となる。

〈親族関係図〉

1）　750万円
2）1,125万円
3）1,500万円

2020年1月

解説

21 Aさんには、子がなく、親も既に死亡しているので、Aさんの配偶者のBさんと兄弟姉妹が相続人となる。その場合、**配偶者が4分の3、兄弟姉妹が4分の1**となり、兄弟姉妹は均等に分けるので、兄Cさんの法定相続分は、1/4×1/2=1/8となる。

➡ テキストp.397　解答　**3**

22 配偶者と子3人が相続人となるので、それぞれの法定相続分は、配偶者：1/2、子1人当たり：1/6(1/2×1/3)である。**遺留分は、遺留分算定の基礎となる財産の価額の1/2**なので、二男Eさんの遺留分は、1/2×1/6＝1/12。遺留分の金額は、9,000万円×1/12＝750万円となる。

➡ テキストp.409　解答　**1**

おさらいするニャ

遺留分

〈相続人が直系尊属のみの場合〉
(例)

父　　　　　　母
　　被相続人

→ 父・母それぞれの
遺留分は
$\frac{1}{3} \times \frac{1}{2} = \frac{1}{6}$

〈その他の場合〉
(例)
被相続人　　　　配偶者

子　　　子

→ 配偶者の遺留分は
$\frac{1}{2} \times \frac{1}{2} = \frac{1}{4}$

→ 子それぞれの
遺留分は
$\frac{1}{2} \times \frac{1}{2} \times \frac{1}{2} = \frac{1}{8}$

23 相続または遺贈により財産を取得した者が、その相続開始前（　①　）以内に被相続人から贈与により取得した財産があるときは、その財産の（　②　）における時価により評価した金額を、原則として相続税の課税価格に加算する。

1）① 3年　　② 相続時
2）① 3年　　② 贈与時
3）① 5年　　② 相続時　　　　　　　　　　　　　　　　2019年5月

24 相続税を計算するときは、被相続人が残した債務（被相続人が死亡した時にあった債務で確実と認められるもの）を遺産総額から差し引くことができるが、（　　　　　）については、差し引くことができない。

1）銀行等からの借入金
2）墓地購入の未払代金
3）被相続人の所得税の未納分　　　　　　　　　　　　　2018年1月

23 相続または遺贈により財産を取得した者が、その相続開始前3年以内に被相続人から贈与により取得した財産があるときは、その財産の贈与時における時価により評価した金額を、原則として相続税の課税価格に加算する。贈与税の配偶者控除分や直系尊属からの住宅取得資金の贈与の分は加算されない。

➡ テキストp.412　解答　2

24 葬式費用や被相続人の残した債務（借入金）、未払いの医療費、未払いの税金などは相続財産から控除することができる。しかし、墓地や墓石の未払金などは、控除できない。

➡ テキストp.414　解答　2

おさらいするニャ

債務控除の具体例

	控除できるもの	控除できないもの
債務	・借入金 ・未払いの医療費 ・未払いの税金（所得税・住民税・固定資産税など）	・墓地や墓石の未払金 ・保証債務 ・遺言執行費用 ・税理士への相続税申告費用
葬式費用	・通夜や本葬にかかった費用 ・宗教者への謝礼 ・遺体の捜索・運搬費用	・香典返しにかかった費用 ・法事にかかった費用

25 2024年9月7日(水)に死亡したAさんが所有していた上場株式Xを相続により取得した場合の1株当たりの相続税評価額は、下記の〈資料〉によれば、(　　)である。

〈資料〉上場株式Xの価格

2024年7月の毎日の最終価格の月平均額	1,180円
2024年8月の毎日の最終価格の月平均額	1,200円
2024年9月の毎日の最終価格の月平均額	1,200円
2024年9月7日(水)の最終価格	1,190円

1) 1,180円
2) 1,190円
3) 1,200円

2022年9月・改

26 貸家の用に供されている家屋の相続税評価額は、(　　)の算式により算出される。

1) 家屋の固定資産税評価額×(1−借地権割合×借家権割合×賃貸割合)
2) 家屋の固定資産税評価額×(1−借地権割合×賃貸割合)
3) 家屋の固定資産税評価額×(1−借家権割合×賃貸割合)　2018年9月

解説

25 上場株式は、金融商品取引所の価格をもとに、①課税時期の終値（おわりね）で評価される。ただし、②当月の終値の月平均額 ③前月の終値の月平均額 ④前々月の終値の月平均額 の②～④の価額が①の価額より低い場合は、その最も低い価額で評価する。したがって、4つのうち最も低い価額の前々月（7月）の終値の月平均額1,180円が評価額となる。

➡ テキストp.427 解答 **1**

26 貸家の用に供されている家屋の相続税評価額は、「家屋の固定資産税評価額×（1－借家権割合×賃貸割合）」の算式により算出される。
自用建物の相続税評価額は、「固定資産税評価額×1.0」で計算する。

➡ テキストp.435 解答 **3**

🍴 **おさらいするニャ**

上場株式の評価

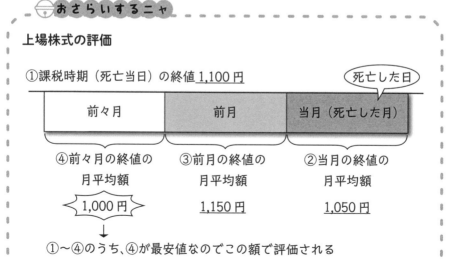

①課税時期（死亡当日）の終値 1,100 円　　　　　　　　死亡した日

前々月	前月	当月（死亡した月）
④前々月の終値の 月平均額 **1,000 円**	③前月の終値の 月平均額 1,150 円	②当月の終値の 月平均額 1,050 円

↓
①～④のうち、④が最安値なのでこの額で評価される

論点別問題
実技試験

「論点別問題(実技試験)」には、6分野の実技試験過去問題を論点別に収載しています。それぞれの分野が、「個人資産相談業務」「保険顧客資産相談業務」「資産設計提案業務」のどの科目の学習内容であるかをタイトルバーにアイコンで示しています。他の科目の出題であっても、自分が受検する科目名がアイコンで表示されている場合、学習内容は同じなので、練習としてすべて解くようにしましょう。

試験問題については、特に指示のない限り、2024年4月現在施行の法令等に基づいて、解答してください（復興特別法人税・復興特別所得税・個人住民税の均等割加算も考慮するものとします）。なお、東日本大震災の被災者等に係る国税・地方税関係の臨時特例等の各種特例については考慮しないものとします。

次の設例に基づいて、下記の各問(01〜03)に答えなさい。

2022年1月/個人・改

《設例》

　Aさん(49歳)は、X株式会社を2020年10月末日に退職し、個人事業主として独立した。独立から2年以上が経過した現在、事業は軌道に乗り、収入は安定している。

　Aさんは、まもなく50歳を迎えるにあたって、将来受給することができる公的年金の年金額や老後の年金収入を増やす各種制度について知りたいと思うようになった。

　そこで、Aさんは、ファイナンシャル・プランナーのMさんに相談することにした。

〈Aさんに関する資料〉

（１）生年月日　　　　：　1974年6月21日
（２）公的年金の加入歴　：　下図のとおり(60歳までの見込みを含む)。

20歳	22歳	46歳	60歳
国民年金 保険料未納期間 34月	厚生年金保険 被保険者期間 283月	国民年金 保険料納付済期間 163月	

※Aさんは、現在および将来においても、公的年金制度における障害等級に該当する障害の状態にないものとする。
※上記以外の条件は考慮せず、各問に従うこと。

122

01 はじめに、Mさんは、Aさんが老齢基礎年金の受給を65歳から開始した場合の年金額を試算した。Mさんが試算した老齢基礎年金の年金額の計算式として、次のうち最も適切なものはどれか。なお、老齢基礎年金の年金額は、2024年度価額に基づいて計算するものとする。

1）$816{,}000円 \times \dfrac{163月}{480月}$

2）$816{,}000円 \times \dfrac{446月}{480月}$

3）$816{,}000円 \times \dfrac{446月 + 34月 \times \dfrac{1}{2}}{480月}$

02 次に、Mさんは、小規模企業共済制度について説明した。Mさんが、Aさんに対して説明した以下の文章の空欄①～③に入る語句の組合せとして、次のうち最も適切なものはどれか。

> 「小規模企業共済制度は、個人事業主が廃業等した場合に必要となる資金を準備しておくための制度です。毎月の掛金は、1,000円から（　①　）の範囲内（500円単位）で選択でき、支払った掛金の（　②　）を所得税の小規模企業共済等掛金控除として、総所得金額等から控除することができます。共済金（死亡事由以外）の受取方法には『一括受取り』『分割受取り』『一括受取りと分割受取りの併用』がありますが、このうち、『一括受取り』の共済金（死亡事由以外）は、（　③　）として所得税の課税対象となります」

1）①　70,000円　　②　2分の1相当額　　③　一時所得
2）①　68,000円　　②　2分の1相当額　　③　退職所得
3）①　70,000円　　②　全額　　③　退職所得

03 最後に、Mさんは、老後の年金収入を増やすことができる各種制度について説明した。MさんのAさんに対する説明として、次のうち最も適切なものはどれか。

1）「国民年金の付加保険料を納付することで、将来の年金収入を増やすことができます。仮に、Aさんが付加保険料を120月納付し、65歳から老齢基礎年金を受給する場合は、年額48,000円の付加年金を受給することができます」

2）「国民年金基金は、国民年金の第1号被保険者の老齢基礎年金に上乗せする年金を支給する任意加入の年金制度です。加入は口数制となっており、1口目は2種類の終身年金（A型・B型）のいずれかを選択します」

3）「Aさんが確定拠出年金の個人型年金に加入する場合、国民年金の付加保険料の納付および国民年金基金への加入はできません」

解説

01 老齢基礎年金の計算には、**保険料未納期間は反映されない**。従って283月＋163月の保険料を納めた場合、老齢基礎年金の満額×446月/480月となる。

➡ テキストp.57 　解答　**2**

02 小規模企業共済制度は、個人事業主が廃業等した場合に必要となる資金を準備しておくための制度で、毎月の掛金は、**1,000円から70,000円の範囲内（500円単位）で選択できる**。支払った掛金の全額が所得税の**小規模企業等掛金控除**として、総所得金額等から控除することができる。受取方法は、「一時金受取り」「分割受取り」「一時金受取りと年金受取りの併用」があるが、いずれも所得税の課税対象となる。**一時金で受け取った場合は、退職所得扱いとなり、退職所得控除の適用がある。年金**受取りにした場合は、**雑所得扱いとなり、公的年金等控除の適用がある。**

➡ テキストp.85 　解答　**3**

03 1）国民年金の付加保険料を納付することで、将来の年金収入を増やすことができる。**月額400円の付加保険料を納付すれば、付加保険料の納付期間に200円を掛けた金額が、老齢基礎年金に上乗せされる。**したがってAさんが、120月納付した場合は、200円×120月で年額24,000円の付加年金を受給することができる。

3）確定拠出年金の個人型年金に加入しても、国民年金の付加保険料の納付や国民年金基金への加入もできる。ただし、国民年金基金に加入した場合は、付加保険料は納付できない。

➡ テキストp.59,85 　解答　**2**

次の設例に基づいて、下記の各問(04〜06)に答えなさい。

2019年9月／個人・改

《設例》

　会社員のAさん(44歳)は、妻Bさん(42歳)、長女Cさん(10歳)および長男Dさん(7歳)との4人暮らしである。Aさんは、公的年金制度の遺族給付の額や公的介護保険の給付内容等を確認して、教育資金の準備や生命保険の見直しなど、今後の資金計画を検討したいと思っている。そこで、Aさんは、懇意にしているファイナンシャル・プランナーのMさんに相談することにした。

〈Aさんの家族構成〉

　Aさん　　　：1980年6月11日生まれ
　　　　　　　会社員(厚生年金保険・全国健康保険協会管掌健康保険に加入)
　妻Bさん　　：1982年5月24日生まれ
　　　　　　　国民年金に第3号被保険者として加入している。
　長女Cさん：2014年8月19日生まれ
　長男Dさん：2016年12月9日生まれ

〈公的年金加入歴(2024年8月分まで)〉

	20歳	22歳		44歳
Aさん	国民年金 保険料納付済期間 (34月)	厚生年金保険 (257月)		

	20歳	22歳	Aさんと結婚	42歳
妻Bさん	国民年金 保険料納付済期間 (35月)	厚生年金保険 (100月)	国民年金 (133月)	

※妻Bさん、長女Cさんおよび長男Dさんは、現在および将来においても、Aさんと同居し、生計維持関係にあるものとする。
※家族全員、現在および将来においても、公的年金制度における障害等級に該当する障害の状態にないものとする。
※上記以外の条件は考慮せず、各問に従うこと。

重要度 A

04 現時点（2024年9月8日）においてAさんが死亡した場合、妻Bさんに支給される遺族基礎年金の年金額（2023年度価額）は次のうちどれか。

1）816,000円＋234,800円＝1,050,800円
2）816,000円＋234,800円＋78,300円＝1,129,100円
3）816,000円＋234,800円＋234,800円＝1,285,600円

重要度 B

05 Mさんは、現時点（2024年9月8日）においてAさんが死亡した場合に妻Bさんに支給される遺族厚生年金の金額等について説明した。MさんのAさんに対する説明として、次のうち最も適切なものはどれか。

1）「妻Bさんに支給される遺族厚生年金の額は、原則として、Aさんの厚生年金保険の被保険者記録を基礎として計算した老齢厚生年金の報酬比例部分の額の3分の2相当額になります」
2）「妻Bさんに支給される遺族厚生年金は、その計算の基礎となる被保険者期間の月数が300月に満たないため、300月とみなして年金額が計算されます」
3）「長男Dさんの18歳到達年度の末日が終了すると、妻Bさんの有する遺族基礎年金の受給権は消滅します。その後、妻Bさんが65歳に達するまでの間、妻Bさんに支給される遺族厚生年金の額に加給年金額が加算されます」

06 Mさんは、公的介護保険（以下、「介護保険」という）の保険給付について説明した。MさんのAさんに対する説明として、次のうち最も不適切なものはどれか。

1）「介護保険の保険給付を受けるためには、市町村（特別区を含む）から、要介護認定または要支援認定を受ける必要があります」

2）「40歳以上65歳未満の第2号被保険者は、要介護状態または要支援状態となった原因が、初老期における認知症、脳血管疾患などの加齢に伴う特定疾病である場合に限り、介護給付または予防給付を受けることができます」

3）「介護保険の第2号被保険者が保険給付を受けた場合、原則として、実際にかかった費用（食費、居住費等を除く）の1割を自己負担する必要がありますが、Aさんの所得金額が一定額以上である場合は、自己負担割合が3割となります」

04　遺族基礎年金の額は、老齢基礎年金と同額の年金額に、子の加算が加えられる。子の加算については、2人目まで234,800円、3人目以降は78,300円である。したがって、本問の場合は、816,000円＋234,800円＋234,800＝1,285,600円　となる。

➡ テキストp.72　解答　**3**

05　1）妻Bさんに支給される遺族厚生年金の額は、原則として、Aさんの厚生年金保険の被保険者記録を基礎として計算した**老齢厚生年金の報酬比例部分の額の4分の3相当額**となる。

　　3）長男Dさんの18歳到達年度の末日が終了すると、妻Bさんの有する遺族基礎年金の受給権は消滅する。その後、妻Bさんが65歳に達するまでの間、妻Bさんに支給される遺族厚生年金の額に**中高齢寡婦加算**が加算される。

➡ テキストp.73,74　解答　**2**

06　3）介護保険の第2号被保険者が保険給付を受けた場合は、所得金額にかかわらず、**1割負担**となる。第1号被保険者が保険給付を受けた場合には、原則として実際にかかった費用の1割を自己負担し、所得金額が一定以上である場合の自己負担割合は、2割あるいは3割となる。

➡ テキストp.35　解答　**3**

実技試験

次の設例に基づいて、下記の各問（07〜09）に答えなさい。

2019年9月／保険・改

《設例》

　個人事業主のAさん（47歳）は、最近、老後の生活資金の準備について検討を始めたいと考えており、その前提として、自分の公的年金がどのくらい支給されるのか、知りたいと思うようになった。そこで、Aさんは、ファイナンシャル・プランナーのMさんに相談することにした。

〈Aさんに関する資料〉

　・1977年4月14日生まれ
　・公的年金の加入歴（見込み期間を含む）

2024年9月

国民年金		
保険料未納期間	保険料納付済期間	保険料納付予定期間
36月	293月	151月

（20歳）　　　　　　　　　　　　　　（47歳）　　　　　　　（60歳）

※上記以外の条件は考慮せず、各問に従うこと。

07 はじめに、Mさんは、《設例》の〈Aさんに関する資料〉に基づき、Aさんが老齢基礎年金の受給を65歳から開始した場合の年金額を試算した。Mさんが試算した老齢基礎年金の年金額の計算式として、次のうち最も適切なものはどれか。なお、老齢基礎年金の年金額は、2024年度価額に基づいて計算するものとする。

1）$816{,}000円 \times \dfrac{444月}{480月}$

2）$816{,}000円 \times \dfrac{444月 + 36月 \times 1/2}{480月}$

3）$816{,}000円 \times \dfrac{444月 + 36月 \times 1/3}{480月}$

08 次に、Mさんは、国民年金基金について説明した。Mさんが、Aさんに対して説明した以下の文章の空欄①～③に入る語句または数値の組合せとして、次のうち最も適切なものはどれか。

> 「国民年金基金は、国民年金の第1号被保険者を対象に老齢基礎年金に上乗せする年金を支給する任意加入の年金制度です。国民年金基金への加入は口数制となっており、1口目は、保証期間のある終身年金A型、保証期間のない終身年金B型の2種類のなかから選択し、（　①　）歳から支給が開始されます。2口目以降は、終身年金のA型、B型および確定年金のⅠ型、Ⅱ型、Ⅲ型、Ⅳ型、Ⅴ型のなかから選択することができます。国民年金基金に拠出することができる掛金の限度額は、月額（　②　）円となっており、支払った掛金は（　③　）控除として所得控除の対象となります」

1）① 65　　② 68,000　　③ 社会保険料
2）① 60　　② 70,000　　③ 社会保険料
3）① 65　　② 70,000　　③ 小規模企業共済等掛金

09 最後に、Mさんは、国民年金の付加保険料について説明した。MさんのAさんに対する説明として、次のうち最も不適切なものはどれか。

1）「国民年金の定額保険料に加えて、月額400円の付加保険料を納付した場合、老齢基礎年金の受給時に付加年金を受給することができます」
2）「仮に、Aさんが付加保険料を120月納付し、65歳から老齢基礎年金を受け取る場合、老齢基礎年金の額に付加年金として48,000円が上乗せされます」
3）「Aさんが国民年金基金に加入した場合、Aさんは国民年金の付加保険料を納付することはできません」

解説

07 老齢基礎年金の計算には、保険料未納の期間は反映されない。従って、293月＋151月の保険料を納めた場合、老齢基礎年金の額は、老齢基礎年金の満額×444月/480月となる。

➡ テキストp.57 　解答　1

08 国民年金基金の終身年金は、どちらも65歳から支給が開始される。ちなみに、A型は15年間の保証期間があり、B型には保証期間がない。掛金は、確定拠出年金と合算して、1か月あたり最大68,000円まで納付することができる。国民年金基金の掛金は、全額、社会保険料控除の対象となる。

➡ テキストp.85 　解答　1

09 1）付加年金は、老齢基礎年金の受給時に上乗せして受給することができる。従って、老齢基礎年金を繰上げ・繰下げ受給する場合は、付加年金も同様に繰上げ・繰下げされる。
2）付加年金の受給額は「200円×付加保険料納付月数」なので、付加保険料を120月納めた場合、上乗せされる付加年金の額は24,000円となる。
3）国民年金基金の掛金と付加保険料は、どちらか一方しか納めることができない。

➡ テキストp.59 　解答　2

次の設例に基づいて、下記の各問（10〜12）に答えなさい。

2020年1月／保険・改

《設例》

　会社員のAさん（57歳）は、妻Bさん（59歳）との2人暮らしである。Aさんは、満60歳で定年を迎えることから、将来、公的年金制度から自分の年金がどのくらい支給されるのか、知りたいと思うようになった。また、最近体調を崩すことが多くなったこともあり、公的医療保険の概要について理解を深めたいと考えている。

　そこで、Aさんは、ファイナンシャル・プランナーのMさんに相談することにした。

〈Aさん夫妻に関する資料〉

（1）Aさん（1967年5月12日生まれ・会社員）

　　・公的年金の加入歴：下図のとおり（60歳までの見込みを含む）

　　・全国健康保険協会管掌健康保険、雇用保険に加入中

20歳	22歳	60歳
国民年金 未加入期間 35月	厚生年金保険 被保険者期間 445月	

（2）妻Bさん（1965年12月16日生まれ・専業主婦）

　　・公的年金の加入歴：下図のとおり（60歳までの見込みを含む）

　　　　　　　　　　　高校卒業後の18歳からAさんと結婚するまでの11年間、会社員として厚生年金保険に加入。結婚後は、国民年金に第3号被保険者として加入している。

18歳	Aさんと結婚	60歳
厚生年金保険 被保険者期間 132月	国民年金 第3号被保険者期間 368月	

※妻Bさんは、現在および将来においても、Aさんと同居し、生計維持関係にあるものとする。
※Aさんおよび妻Bさんは、現在および将来においても、公的年金制度における障害等級に該当する障害の状態にないものとする。
※上記以外の条件は考慮せず、各問に従うこと。

10 重要度 Ⓐ

はじめに、Mさんは、《設例》の〈Aさん夫妻に関する資料〉に基づき、Aさんおよび妻Bさんが老齢基礎年金の受給を65歳から開始した場合の年金額（2024年度価額）を試算した。Mさんが試算した老齢基礎年金の年金額の計算式の組合せとして、次のうち最も適切なものはどれか。

1）Aさん：$816,000円 \times \dfrac{445月}{480月}$　　妻Bさん：$816,000円 \times \dfrac{368月}{480月}$

2）Aさん：$816,000円 \times \dfrac{445月}{480月}$　　妻Bさん：$816,000円 \times \dfrac{480月}{480月}$

3）Aさん：$816,000円 \times \dfrac{480月}{480月}$　　妻Bさん：$816,000円 \times \dfrac{500月}{480月}$

11 重要度 Ⓐ

次に、Mさんは、Aさんおよび妻Bさんに支給される老齢厚生年金について説明した。MさんのAさんに対する説明として、次のうち最も適切なものはどれか。

1）「Aさんおよび妻Bさんは、1961年4月2日以後の生まれですので、いずれも特別支給の老齢厚生年金の支給はなく、原則として、65歳から老齢基礎年金および老齢厚生年金が支給されます」

2）「妻Bさんの厚生年金保険の被保険者期間が20年未満であるため、Aさんが65歳から受給する老齢厚生年金の額には、配偶者の加給年金額が加算されます」

3）「仮に、Aさんが現在の勤務先において、60歳以後も引き続き厚生年金保険の被保険者として65歳になるまで勤務した場合、65歳から支給される老齢厚生年金は、65歳到達時における厚生年金保険の被保険者記録を基に計算されます」

12 最後に、Mさんは、公的医療保険の概要について説明した。Mさんが、Aさんに対して説明した以下の文章の空欄①〜③に入る語句または数値の組合せとして、次のうち最も適切なものはどれか。

> 「Aさんに係る医療費の一部負担金の割合は、原則（ ① ）割となりますが、（ ② ）内に、医療機関等に支払った医療費の一部負担金等の額が自己負担限度額を超えた場合、所定の手続により、自己負担限度額を超えた額が高額療養費として支給されます。
> 　Aさんが業務外の原因による病気やケガによる療養のために、連続して4日以上、業務に就くことができず、当該期間について事業主から報酬が支払われない場合は、所定の手続により、傷病手当金が支給されます。傷病手当金の支給期間は、その支給を始めた日から通算して（ ③ ）が限度となります」

1) ① 1　　② 同一月　　③ 3年
2) ① 1　　② 同一年　　③ 1年6カ月
3) ① 3　　② 同一月　　③ 1年6カ月

10 老齢基礎年金の計算には、保険料未納期間は算入されないので、Aさんの老齢基礎年金の額は、「816,000円×445月/480月」となる。妻Bさんは、18歳から厚生年金保険に加入しているが、**老齢基礎年金の計算には、20歳未満の期間は算入されない**。したがって、妻Bさんの保険料納付済期間は、20歳以降の厚生年金保険被保険者期間と国民年金の第3号被保険者期間を合わせた480月となり、「816,000円×480月/480月」で計算する。

➡ テキストp.56,57　解答　**2**

11 1）会社員の老齢厚生年金の支給開始時期は、女性は男性の5年遅れとなるため、**特別支給の老齢厚生年金**が受けられなくなる生年月日は、男性は1961年4月2日以後生まれ、女性は1966年4月2日以後生まれとなる。したがって、Aさんは特別支給の老齢厚生年金は受給できないが、妻Bさんは特別支給の老齢厚生年金が受給できる。

2）加給年金は、**厚生年金の被保険者期間が20年以上の人**が、特別支給の老齢厚生年金の定額部分を受給するとき、または65歳になって老齢厚生年金を受給するときに、生計維持関係にある65歳未満の配偶者や18歳到達年度末までの子がいる場合に支給される。Aさんには特別支給の老齢厚生年金の受給権はなく、また、Aさんが65歳到達時には妻Bさんはすでに65歳になっているため、加給年金を受給することはできない。

➡ テキストp.59,60　解答　**3**

12 小学生～70歳未満の人の医療費（療養の給付）の自己負担の割合は3割である。医療機関等に支払った医療費の同一月における自己負担額が自己負担限度額を超えた場合、超えた金額が高額療養費として支給される。70歳未満の自己負担限度額は所得区分によって異なり、健康保険の場合、標準報酬月額28万円～50万円の場合は「80,100円＋（医療費－267,000円）×1％」で計算する。また、健康保険の被保険者が、業務外の原因による病気やケガによる療養のために連続して4日以上働けず、報酬を得られなかった場合は、所定の手続きにより、欠勤4日目から通算して最長1年6カ月まで傷病手当金が支給される。

➡ テキストp.31,32　解答　**3**

下記の各問(13 〜 14)について答えなさい。

重要度 **A**

13 ファイナンシャル・プランニング業務を行うに当たっては、関連業法を順守することが重要である。ファイナンシャル・プランナー(以下「FP」という)の行為に関する次の記述のうち、最も不適切なものはどれか。

1. 生命保険募集人、保険仲立人の登録を受けていないFPが、生命保険契約を検討している顧客のライフプランに基づき、必要保障額を具体的に試算し、相談料金を受け取った。
2. 投資助言・代理業の登録を受けていないFPが、顧客と投資顧問契約を締結し、当該契約に基づいて具体的な投資銘柄と投資タイミングについて有償で助言をした。
3. 税理士資格を有していないFPが、相続対策を検討している顧客に対し、一般的な相続税制度の仕組みと手順を解説し、相談料金を受け取った。

2022年9月/資産

13 1．適切。生命保険募集人、保険仲立人の登録を受けていなくても、生命保険契約を検討している顧客のライフプランに基づき、必要保障額を具体的に試算し、相談料金を受け取ることは問題ない。

2．不適切。投資助言・代理業の登録を受けていない人が、顧客と投資顧問契約を締結し、当該契約に基づいて具体的な投資銘柄と投資タイミングについて助言することは有償・無償にかかわらず、してはならない。

3．適切。税理士資格を有していなくても、相続対策を検討している顧客に対し、一般的な相続税制度の仕組みと手順を解説し、相談料金を受け取ることは問題ない。

➡ テキストp.17　解答　**2**

🐾 おさらいするニャ

FP業務と関連業法等の具体例

税理士法	税理士の資格がないFPは、有償・無償を問わず、顧客の代わりに**税務書類の作成**を行ったり、税務相談を受けたりしてはならない。法律上の条文を基に一般的な説明をすることは税理士法に抵触しない
弁護士法	弁護士資格がないFPは、法律に関する具体的な判断をしてはならない。民法の条文を基に一般的な説明をすることは弁護士法に抵触しない。弁護士でないFPであっても、遺言作成の証人になったり、任意後見契約の任意後見人となることはできる
金融商品取引法	投資助言、代理業、投資運用業を営もうとするFPは、金融商品取引業者としての**内閣総理大臣の登録**を受ける必要がある
保険業法	保険募集人の資格がないFPは、**保険商品の販売や勧誘**を行ってはならない。保険商品の一般的な商品性を説明したり、必要保障額の試算を行うことはできる

14 下記は、平尾家のキャッシュフロー表（一部抜粋）である。このキャッシュフロー表の空欄（ア）、（イ）にあてはまる数値の組み合わせとして、正しいものはどれか。なお、計算過程においては端数処理をせず計算し、計算結果については万円未満を四捨五入すること。

〈平尾家のキャッシュフロー表〉　　　　　　　　　　　　　　（単位：万円）

			基準年	1年	2年	3年	4年
	経過年数		基準年	1年	2年	3年	4年
	西暦（年）		2024	2025	2026	2027	2028
家族・年齢	平尾　保孝	本人	52歳	53歳	54歳	55歳	56歳
	菜々	妻	51歳	52歳	53歳	54歳	55歳
	美優	長女	18歳	19歳	20歳	21歳	22歳
ライフイベント		変動率		美優大学入学			住宅ローンの繰上げ返済
収入	給与収入（夫）	1%	473	478			
	給与収入（妻）	1%	511				（ア）
	収入合計	—		984	994	1,004	1,013
支出	基本生活費	2%	402	410			
	住宅関連費	—		186	186	186	186
	教育費	—		165	200	130	130	100
	保険料	—		62	62	62	62	62
	一時的支出	—					400
	その他支出	—		50	50	50	50
	支出合計	—		865	908		855	1,233
年間収支		—		119	86		158
金融資産残高		1%		702	（イ）		

※年齢および金融資産残高は各年12月31日現在のものとし、2024年を基準年とする。
※給与収入は可処分所得で記載している。
※記載されている数値は正しいものとする。
※問題作成の都合上、一部を空欄にしてある。

1．（ア）531　　（イ）788
2．（ア）532　　（イ）796
3．（ア）532　　（イ）795

2023年1月／資産・改

140

14 （ア）○年後の金額は、「現在の金額×（1＋変動率)°」で計算する。したがって、$511×(1+0.01)^4＝531.74…$　となり、四捨五入して532万円である。

（イ）金融資産残高は「前年の金融資産残高×（1＋運用利率）＋その年の年間収支」で求める。したがって、$702×(1+0.01)＋86万円＝795.02$となり、四捨五入して795万円である。

 テキストp.20,21　解答　3

キャッシュフロー表の「金融資産残高」がマイナスになったら、借金をしないと生活できないということになるニャ

おさらいするニャ

キャッシュフロー表作成のポイント

①1月1日〜12月31日を「1年」とする
②家族の年齢は12月31日現在で記入
③収入欄には可処分所得を記入する

　　年収 － （社会保険料＋所得税＋住民税）

④支出欄には支出金額（基本生活費など）を記入する
⑤変動率とは、将来の変化の割合のこと。年収は昇給率、生活費は物価上昇率など。住宅ローンや保険料など将来の変動が大きくないものは、変動率ゼロとする場合もある。金融資産残高の場合は、変動率＝運用率となる。α年後の金額＝現在の金額×（1＋変動率)^α
⑥年間収支欄には、収入合計から支出合計を差し引いた金額を記入する
⑦金融資産残高欄には、その年の金融資産残高を記入する

　　前年の金融資産残高 ×（1＋運用利率）±年間収支

実技試験 ライフプランニング

下記の各問(15 ～ 18)について答えなさい。

〈設例〉

　有馬智孝さんは株式会社TSに勤務する会社員である。智孝さんは今後の生活設計について、FPで税理士でもある最上さんに相談をした。なお、下記のデータはいずれも2024年1月1日現在のものである。

[家族構成(同居家族)]

氏名	続柄	生年月日	年齢	備考
有馬　智孝	本人	1968年10月17日	55歳	会社員
弘子	妻	1973年5月4日	50歳	会社員
敬太	長男	2003年9月10日	20歳	大学生

[保有財産(時価)]　　　　　　　　(単位：万円)

金融資産	
普通預金	370
定期預金	800
財形年金貯蓄	280
投資信託	450
上場株式	320
生命保険(解約返戻金相当額)	125
不動産(自宅マンション)	3,900

[負債残高]

住宅ローン(自宅マンション)：240万円(債務者は智孝さん、団体信用生命保険付き)

[その他]

上記以外については、各設問において特に指定のない限り一切考慮しないものとする。

重要度 **A**

15 FPの最上さんは、有馬家のバランスシートを作成した。下表の空欄(ア)にあてはまる金額として、正しいものはどれか。なお、<設例>に記載のあるデータに基づいて解答するものとする。

〈有馬家のバランスシート〉 (単位:万円)

[資産]	×××	[負債]	×××
		負債合計	×××
		[純資産]	(ア)
資産合計	×××	負債・純資産合計	×××

1. 2,345(万円)
2. 6,005(万円)
3. 6,245(万円)

重要度 **A**

16 智孝さんは、60歳で定年を迎えた後、公的年金の支給が始まる65歳までの5年間の生活資金に退職一時金の一部を充てようと考えている。退職一時金のうち500万円を年利1.0%で複利運用しながら5年間で均等に取り崩すこととした場合、年間で取り崩すことができる最大金額として、正しいものはどれか。なお、下記<資料>の3つの係数の中から最も適切な係数を選択して計算し、円単位で解答すること。また、税金や記載のない事項については一切考慮しないものとする。

〈資料:係数早見表(年利1.0%)〉

	終価係数	資本回収係数	減債基金係数
5年	1.051	0.20604	0.19604

※記載されている数値は正しいものとする。

1. 980,200円
2. 1,030,200円
3. 1,051,000円

17 智孝さんは、定年退職後の公的医療保険について、健康保険の任意継続被保険者になることを検討している。全国健康保険協会管掌健康保険（協会けんぽ）の任意継続被保険者に関する次の記述の空欄（ア）～（ウ）にあてはまる語句の組み合わせとして、最も適切なものはどれか。

被保険者の資格喪失日から（　ア　）以内に申出をすることにより、最長で（　イ　）、任意継続被保険者となることができる。なお、任意継続被保険者となるためには、資格喪失日の前日まで継続して2ヵ月以上被保険者であったことが必要である。また、任意継続被保険者は、一定の親族を被扶養者とすること（　ウ　）。

1．（ア）14日　　（イ）2年間　　（ウ）はできない
2．（ア）20日　　（イ）2年間　　（ウ）ができる
3．（ア）20日　　（イ）4年間　　（ウ）はできない

18 智孝さんは、通常65歳から支給される老齢基礎年金を繰り上げて受給できることを知り、FPの最上さんに質問をした。智孝さんの老齢基礎年金および老齢厚生年金の繰上げ受給に関する次の記述のうち、最も不適切なものはどれか。なお、老齢基礎年金および老齢厚生年金の受給要件は満たしているものとする。

1．老齢基礎年金を繰上げ受給した場合の年金額は、繰上げ年数1年当たり4％の割合で減額される。
2．老齢基礎年金を繰上げ受給した場合の年金額の減額は、一生涯続く。
3．老齢基礎年金を繰上げ受給する場合は、老齢厚生年金も同時に繰上げ受給しなければならない。

15 有馬家のバランスシートは下記のようになる。純資産（ア）は「**資産合計－負債合計**」で求められるので、**6,005万円**となる

〈有馬家のバランスシート〉　　　　　　　　　　　　　　（単位：万円）

［資産］		［負債］	
普通預金	370	住宅ローン	240
定期預金	800		
財形年金貯蓄	280	負債合計	240
投資信託	450		
上場株式	320		
生命保険（解約返戻金相当額）	125	［純資産］	6,005
不動産（自宅マンション）	3,900		
資産合計	6,245	負債・純資産合計	6.245

➡ テキストp.21　解答　2

16 現在の額を運用しながら受け取れる金額を求める場合には、**資本回収係数**を用いる。500万円を年利1.0％で複利運用しながら5年間で均等に取り崩すこととした場合の金額は、係数早見表より資本回収係数が0.20604なので、5,000,000円×0.20604＝1,030,200円

➡ テキストp.22,23　解答　2

17 被保険者の資格喪失日から**20日以内**に申出をすることにより、**最長で2年間**、任意継続被保険者となることができる。なお、任意継続被保険者となるためには、資格喪失日の前日まで継続して2ヵ月以上被保険者であったことが必要である。また、任意継続被保険者は、**一定の親族を被扶養者**とすることはできない。保険料は、被保険者が**全額自己負担**する。

➡ テキストp.34　解答　2

18 1．老齢基礎年金を繰上げ受給した場合の年金額は、繰上げ1か月当たり0.4％の割合で減額される。最大60月の繰り上げができる。

2．老齢基礎年金を繰上げ受給した場合の年金額の減額は、一生涯続く。一度選択すると、変更や取り消しはできない。

3．老齢基礎年金を繰上げ受給する場合は、老齢厚生年金も同時に繰上げ受給しなければならない。繰り下げする場合は、いずれかのみ繰り下げることもできる。

➡ テキストp.58,62　解答　1

次の設例に基づいて、下記の各問(01 ～ 03)に答えなさい。

2019年5月／保険

《設例》

　会社員のAさん(32歳)は、専業主婦である妻Bさん(29歳)および長女Cさん(1歳)との3人暮らしである。Aさんは、先日、職場で生命保険会社の営業担当者から生命保険を勧められた。現在加入している終身保険はAさんが結婚する前に加入したものである。

　そこで、Aさんは、懇意にしているファイナンシャル・プランナーのMさんに相談することにした。Aさんが現在加入している生命保険の内容等は、以下のとおりである。

〈Aさんが現在加入している生命保険の内容〉

主契約および特約の内容	保障金額	保険期間
終身保険	500万円	終身
傷害特約	500万円	10年

〈Aさんが提案を受けた生命保険の内容〉

保険の種類：5年ごと配当付終身保険(60歳払込満了)

月払保険料(集団扱い)：15,600円

契約者(＝保険料負担者)・被保険者：Aさん／死亡保険金受取人：妻Bさん

主契約および特約の内容	保障金額	保険期間
終身保険	100万円	終身
定期保険特約	1,000万円	10年
収入保障特約(注1)	年額60万円×60歳まで	10年
重度疾病保障特約(注2)	150万円	10年
総合医療特約(180日型)	1日目から日額10,000円	10年
先進医療特約	先進医療の技術費用と同額	10年
リビング・ニーズ特約	－	－
指定代理請求特約	－	－

(注1) 最低支払保証期間は5年（最低5回保証）

(注2) 所定のがん（悪性新生物）、急性心筋梗塞、脳卒中、重度の糖尿病、重度の高血圧性疾患、肝硬変、慢性腎不全、慢性すい炎のいずれかを保障する。重度疾病保険金を支払った場合、本特約は消滅する。

※上記以外の条件は考慮せず、各問に従うこと。

重要度 B

01 はじめに、Mさんは、現時点の必要保障額を試算することにした。下記の〈算式〉および〈条件〉に基づき、Aさんが現時点で死亡した場合の必要保障額は、次のうちどれか。

1) 4,610万円
2) 6,010万円
3) 10,110万円

〈算式〉

> 必要保障額＝遺族に必要な生活資金等の総額－遺族の収入見込金額

〈条件〉

1. 長女Cさんが独立する年齢は、22歳（大学卒業時）とする。
2. Aさんの死亡後から長女Cさんが独立するまで（21年間）の生活費は、現在の日常生活費（月額25万円）の70％とし、長女Cさんが独立した後の妻Bさんの生活費は、現在の日常生活費（月額25万円）の50％とする。
3. 長女Cさん独立時の妻Bさんの平均余命は、38年とする。
4. 長女Cさんの教育資金および結婚援助資金の総額は、1,500万円とする。
5. Aさんの死亡整理資金（葬儀費用等）・緊急予備資金は、500万円とする。
6. 金融資産（預貯金等）の合計額は、1,400万円とする。
7. Aさん死亡後に妻Bさんが受け取る公的年金等の総額は、6,100万円とする。
8. Aさんが現在加入している生命保険の保障金額は考慮しなくてよい。

02 次に、Mさんは、生命保険の加入等についてアドバイスした。MさんのAさんに対するアドバイスとして、次のうち最も不適切なものはどれか。

1）「算出された必要保障額を満たす死亡保障を準備することが理想ですが、Aさんの今後の収入と支出を考慮して、支出可能な保険料の範囲内で生命保険の加入を考えましょう」

2）「保険会社各社は、入院給付金や手術給付金が定額で受け取れるものや通院保障が手厚いものなど、最近の医療事情に合わせて、さまざまなタイプの医療保険を取り扱っています。保障内容や保障範囲をしっかりと確認したうえで、加入することをお勧めします」

3）「先進医療の治療を受けた場合、診察料、投薬料および技術料などの費用はすべて公的医療保険の対象外で全額自己負担となります。一部の先進医療については費用が高額となるケースもありますので、先進医療特約の付加をお勧めします」

03 最後に、Mさんは、Aさんが提案を受けた生命保険について説明した。MさんのAさんに対する説明として、次のうち最も適切なものはどれか。

1）「所定の重度疾病に罹患した場合、重度疾病保障特約により150万円を受け取ることができます。さらに、その後、死亡した場合には、当該特約により死亡保険金150万円が妻Bさんに支払われます」

2）「収入保障特約は、被保険者が死亡した場合、所定の期間、死亡保険金が年金形式で支払われるタイプの特約です。仮に、Aさんが40歳（支払対象期間20年）で死亡した場合、妻Bさんが当該特約により受け取る年金受取総額は1,200万円となります」

3）「終身保険、定期保険特約の保険料は、生命保険料控除の対象となりますが、収入保障特約の保険料は、生命保険料控除の対象となりませんのでご注意ください」

01 Aさんの現時点での必要保障額を求めると、

遺族に必要な生活資金等の総額：

25万円×70％×12ヵ月×21年（長女Cさん独立までの生活費）＋25万円×50％×12ヵ月×38年（長女Cさん独立後の妻Bさんの生活費）＋1,500万円（長女Cさんの教育資金・結婚援助資金）＋500万円（死亡整理資金・緊急予備資金）＝1億2,110万円

遺族の収入見込金額：

1,400万円（金融資産）＋6,100万円（Aさん死亡後に妻Bさんが受け取る公的年金等の総額）＝7,500万円

∴必要保障額＝1億2,110万円－7,500万円＝4,610万円

解答 **1**

02 3）「先進医療に係る費用」は公的医療保険の対象外で患者が全額自己負担することになるが、「先進医療に係る費用」以外の、通常の治療と共通する部分（診察・検査・投薬・入院料等）の費用は、一般の保険診療と同様に扱われ、保険給付されるため、各健康保険制度における一定の自己負担金を支払うこととなる。

➡ テキストp.31,137 解答 **3**

03 1）所定の重度疾病に罹患して重度疾病保障特約から保険金を受け取った時点で重度疾病保障特約は消滅するため、死亡時には死亡保険金は支払われない。

2）収入保障特約は、被保険者が死亡した場合、所定の期間、死亡保険金が年金形式で支払われるタイプの特約である。仮に、Aさんが40歳（支払対象期間20年）で死亡した場合、妻Bさんが当該特約により受け取る年金受取総額は1,200万円（年額60万円×20年）となる。

3）収入保障特約の保険料も、生命保険料控除の対象となる。

➡ テキストp.133,149 解答 **2**

次の設例に基づいて、下記の各問（04 ～ 06）に答えなさい。

2020年9月／保険・改

《設例》

　個人事業主のAさん（50歳）は、妻Bさん（52歳）との2人暮らしである。Aさんは、現在、X生命保険の定期保険特約付終身保険に加入している。Aさんは、年齢が50歳となり、介護保障を充実させたいと思っていたところ、X生命保険の営業担当者から下記の生命保険の提案を受けた。Aさんは、月々の保険料負担が大きくなることが心配ではあるものの、提案を受けた生命保険が介護保障の充実したものであれば、加入してもよいと思っている。

　そこで、Aさんは、ファイナンシャル・プランナーのMさんに相談することにした。

〈Aさんが提案を受けたX生命保険の生命保険に関する資料〉

　保険の種類：無配当終身介護保障保険（終身払込）

　月払保険料：10,500円

　契約者（＝保険料負担者）・被保険者・受取人：Aさん

　指定代理請求人：妻Bさん

主契約および特約の内容	保障金額	保険期間
終身介護保障保険（注1）	介護終身年金　年額60万円	終身
介護一時金特約（注1）	介護一時金　300万円	終身
認知症一時金特約（注2）	認知症一時金　300万円	終身
指定代理請求特約	－	－

（注1）公的介護保険制度の要介護2以上と認定された場合、または保険会社所定の要介護状態になった場合に支払われる（死亡保険金の支払はない）。

（注2）公的介護保険制度の要介護1以上と認定され、かつ、保険会社所定の認知症状態になった場合に支払われる（死亡保険金の支払はない）。

〈Aさんが現在加入しているX生命保険の生命保険に関する資料〉

　保険の種類：定期保険特約付終身保険（70歳払込満了）

　契約年月日：2005年7月1日／月払保険料：14,100円

　契約者（＝保険料負担者）・被保険者：Aさん／死亡保険金受取人：妻Bさん

主契約および特約の内容	保障金額	保険期間
終身保険	100万円	終身
定期保険特約	2,900万円	10年
傷害特約	500万円	10年
入院特約	1日目から日額10,000円	10年
成人病入院特約	1日目から日額10,000円	10年

※更新型の特約は、2015年7月1日に同じ保障金額で更新している。

※上記以外の条件は考慮せず、各問に従うこと。

04 はじめに、Mさんは、公的介護保険（以下、「**介護保険**」という）について説明した。MさんのAさんに対する説明として、次のうち最も適切なものはどれか。

1）「介護保険の被保険者は、60歳以上の第1号被保険者と40歳以上60歳未満の医療保険加入者である第2号被保険者に区分されます」

2）「介護保険の保険給付を受けるためには、市町村（特別区を含む）から要介護認定または要支援認定を受ける必要があります」

3）「Aさんのような介護保険の第2号被保険者が、介護サービスの提供を受けた場合、原則として、実際にかかった費用の3割を自己負担する必要があります」

05 次に、Mさんは、生命保険の見直しについて説明した。MさんのAさんに対する説明として、次のうち最も**不適切なもの**はどれか。

1)「Aさんが要介護状態となり働けなくなった場合、Aさんの収入の減少が想定されます。介護費用がかさみ、支出が収入を上回る可能性もありますので、一定額の介護年金および介護一時金を確保することは検討に値します」
2)「現在加入している定期保険特約の保険金額を減額し、提案を受けた生命保険に加入することも検討事項の1つです。現時点でのAさんの必要保障額を算出し、適正な死亡保険金額を把握しましょう」
3)「契約転換制度を活用して現在加入している定期保険特約付終身保険を転換し、介護保障を準備することも検討事項の1つです。転換後契約の保険料は転換前契約の加入時の年齢により算出されるため、新規に加入する場合と比較し、保険料負担を抑えることができます」

06 最後に、Mさんは、Aさんが提案を受けた生命保険の課税関係について説明した。MさんのAさんに対する説明として、次のうち最も**適切なもの**はどれか。

1)「当該生命保険の支払保険料は、介護医療保険料控除の対象となります。介護医療保険料控除の控除限度額は、所得税で40,000円、住民税で28,000円です」
2)「Aさんが当該生命保険から介護終身年金を受け取った場合、年金額が20万円を超えますので、Aさんは所得税の確定申告をしなくてはなりません」
3)「Aさんが介護一時金を請求できない特別な事情がある場合、指定代理請求人である妻BさんがAさんに代わって請求することができます。妻Bさんが受け取る当該一時金は、一時所得として総合課税の対象となります」

解説

04 1）介護保険の被保険者は、第1号被保険者は65歳以上、第2号被保険者は40歳以上65歳未満の医療保険加入者である。

3）介護保険の第2号被保険者が、介護サービスの提供を受けた場合の自己負担割合は1割である。

➡ テキストp.35　解答　2

05 3）転換後契約の保険料は転換時の年齢により算出される。転換前契約の積立部分や配当金が、新規に加入する場合に比べて、いわば下取り価格として転換後契約の一部に充当されるため、保険料負担を抑えることができる。

➡ テキストp.127　解答　3

06 2）介護給付金（一時金・年金）は、入院給付金および手術給付金などケガや病気を原因として受け取る給付金などと同様に非課税である。

3）指定代理請求人が請求した保険金を指定代理請求人が受け取った場合でも、保険金・給付金にかかる税金は被保険者が受け取ったときと同様に非課税となる。

➡ テキストp.149,150　解答　1

下記の各問(07 ～ 09)について答えなさい。

07 鶴見一郎さんが加入している生命保険(下記〈資料〉参照)の保障内容に関する次の記述の空欄(ア)にあてはまる金額として、正しいものはどれか。なお、保険契約は有効に継続しているものとし、特約は自動更新されているものとする。また、一郎さんはこれまでに〈資料〉の保険から保険金および給付金を一度も受け取っていないものとする。

〈資料〉

鶴見一郎さんが、2024年中にぜんそく発作で死亡(急死)した場合に支払われる死亡保険金は、合計(ア)である。

1) 1,700万円
2) 2,000万円
3) 2,200万円

2019年1月／資産・改

154

重要度 A

08 幸広さんと妻の沙織さんが加入している生命保険は下表のとおりである。下表の契約A～Cについて、保険金・給付金が支払われた場合の課税関係に関する次の記述のうち、正しいものはどれか。

	保険種類	保険料払込方法	保険契約者（保険料負担者）	被保険者	死亡保険金受取人	満期保険金受取人
契約A	終身保険	月払い	幸広	幸広	沙織	－
契約B	医療保険	月払い	沙織	沙織	－	－
契約C	養老保険	月払い	幸広	健太	沙織	沙織

1）契約Aについて、沙織さんが受け取った死亡保険金は、相続税の課税対象となる。

2）契約Bについて、沙織さんが受け取った入院給付金は、雑所得として所得税・住民税の課税対象となる。

3）契約Cについて、沙織さんが受け取った満期保険金は、一時所得として所得税・住民税の課税対象となる。 2018年1月／資産・改

重要度 A

09 吉田徹さんが契約している普通傷害保険の内容は、下記〈資料〉のとおりである。次の記述のうち、保険金の支払い対象とならないものはどれか。なお、いずれも保険期間中に発生したものであり、該当者は徹さんである。また、〈資料〉に記載のない事項については一切考慮しないこととする。

〈資料〉

保険種類	普通傷害保険
保険期間	1年間
保険契約者	吉田　徹
被保険者	吉田　徹
死亡・後遺障害保険金額	3,000万円
入院保険金日額	5,000円
通院保険金日額	2,000円

※特約は付帯されていない。

1）外出先で食べた弁当が原因で細菌性食中毒にかかり、入院した場合。

2）休日にスキーで滑走中に転倒し、足を骨折して入院した場合。

3）業務中に指をドアに挟み、ケガをして通院した場合。 2020年1月／資産

解説

07 鶴見一郎さんが、ぜんそく発作(疾病)によって死亡(急死)した場合に支払われる死亡保険金額は、終身保険200万円＋定期保険特約1,500万円＋特定疾病保障定期保険特約500万円＝**2,200万円**である。特定疾病保障定期保険特約は、特定疾病(がん・急性心筋梗塞、脳卒中)による保険金を受け取ることなく死亡した場合には、死亡保険金が給付される。

➡ テキストp.126,130,137　解答　3

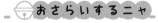

保険証券の例

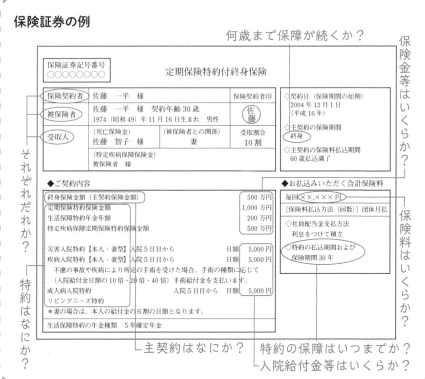

08 　2）入院給付金は、非課税である。

　　3）保険契約者（保険料負担者）と満期保険金受取人が異なるので、贈与税の課税対象となる。

➡ テキストp.150,151　解答　1

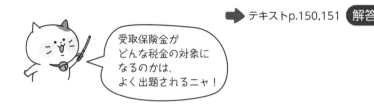

受取保険金が
どんな税金の対象に
なるのかは、
よく出題されるニャ！

09 　細菌性食中毒や地震・噴火・津波を原因とした傷害は、普通傷害保険の給付対象にならない。

➡ テキストp.165　解答　1

おさらいするニャ

保険金の課税関係

満期保険金・解約返戻金の課税関係

契約形態	一時金の場合	年金の場合
保険契約者 ＝受取人	一時所得として所得税・住民税	雑所得として所得税・住民税
保険契約者 ≠受取人	贈与税	年金の権利の価額に贈与税
金融類似商品	差益の20.315％が源泉分離課税	

死亡保険金の課税関係

保険契約者	被保険者	受取人	税金
A	A	B	相続税
A	B	A	所得税（一時所得）・住民税
A	B	C	贈与税

下記の各問(10 ～ 12)について答えなさい。

重要度 Ⓐ

10 山根正人さんが加入している終身医療保険(下記<資料>参照)の保障内容に関する次の記述の空欄(ア)にあてはまる金額として、正しいものはどれか。なお、保険契約は有効に継続しているものとする。また、正人さんはこれまでに<資料>の保険から保険金および給付金を一度も受け取っていないものとする。

〈資料〉

保険種類　終身医療保険(無配当)		保険証券記号番号　△△△－××××

保険契約者	山根　正人様	保険契約者印	◆契約日
被保険者	山根　正人様 契約年齢　50歳　男性	(山根)	2018年7月1日 ◆主契約の保険期間 　終身
受取人	〔給付金受取人〕被保険者　様 〔死亡保険金受取人〕山根　桜　様 ＊被保険者との続柄：妻		◆主契約の保険料払込期間 　終身

■ご契約内容

給付金・保険金の内容	給付金額・保険金額	保険期間
入院給付金	日額10,000円 ＊病気やケガで2日以上の入院をした場合、入院開始日を含めて1日目から支払います。 ＊同一事由の1回の入院給付金支払い限度は60日、通算して1,000日となります。	終身
手術給付金	給付金額　入院給付金日額×10・20・40倍 ＊所定の手術を受けた場合、手術の種類に応じて、手術給付金(入院給付金日額の10倍・20倍・40倍)を支払います。	
死亡・高度障害保険金	保険金　1,000,000円 ＊死亡または所定の高度障害状態となった場合に支払います。	

■保険料の内容

払込保険料合計	×,×××円/月
払込方法(回数)：年12回	
払込期月　　　：毎月	

■その他付加されている特約・特則等

保険料口座振替特約
＊以下余白

正人さんは、2023年10月に交通事故により約款所定の手術(給付倍率10倍)を1回受け、その後継続して12日間入院した。また、同年12月には急性心筋梗塞で継続して7日間入院し、その後死亡した。この場合に支払われる保険金および給付金は、合計(　ア　)である。

158

1. 1,170,000円
2. 1,190,000円
3. 1,290,000円

2024年1月/資産

重要度 Ａ

11 牧村健太さんが2024年中に支払った生命保険の保険料は下記〈資料〉のとおりである。この場合の健太さんの2024年分の所得税の計算における生命保険料控除の金額として、正しいものはどれか。
なお、〈資料〉の保険について、これまでに契約内容の変更はないものとする。また、2024年分の生命保険料控除額が最も多くなるように計算すること。

〈資料〉

［定期保険（無配当、新生命保険料）］	［医療保険（無配当、介護医療保険料）］
契約日：2018年5月1日	契約日：2016年8月10日
保険契約者：牧村 健太	保険契約者：牧村 健太
被保険者：牧村 健太	被保険者：牧村 健太
死亡保険金受取人：牧村 洋子（妻）	死亡保険金受取人：牧村 洋子（妻）
2024年の年間支払保険料：78,240円	2024年の年間支払保険料：46,200円

〈所得税の一般の生命保険料控除、介護医療保険料控除および個人年金保険料控除の控除額の速算表〉

［2012年1月1日以降に締結した保険契約（新契約）等に係る控除額］

年間の支払保険料の合計		控除額
	20,000円以下	支払保険料の金額
20,000円　超	40,000円以下	支払保険料×1/2＋10,000円
40,000円　超	80,000円以下	支払保険料×1/4＋20,000円
80,000円　超		40,000円

（注）支払保険料とは、その年に支払った金額から、その年に受けた剰余金や割戻金を差し引いた残りの金額をいう。

1. 39,560円
2. 40,000円
3. 71,110円

2022年9月/資産・改

12 損害保険の保険種類と事故の内容について記述した下表1〜3のうち、対応する保険で補償の対象とならないものはどれか。なお、記載のない事項については一切考慮しないこととする。

	保険種類	事故の内容
1	個人賠償責任保険（特約）	被保険者が仕事で自転車を使用中に、誤って歩行者と接触し、ケガをさせた場合の損害賠償責任の補償
2	住宅火災保険［補償内容］ ・火災、落雷、破裂、爆発 ・風災、ひょう災、雪災	保険の対象である自宅建物の隣家から火災が発生し、延焼により自宅建物が全焼した場合の建物の損害の補償
3	普通傷害保険	草野球チームの試合中にバットが足に直撃し、被保険者が骨折した場合のケガの補償

2023年1月／資産

解説

10 交通事故の際は、給付倍率10倍に該当する手術だったので手術給付金は「入院給付金日額×10倍」で、1万円×10倍=10万円。また、入院は12日間で、1日目から支払われるタイプなので入院給付金は

　　1万円×12日=12万円

　急性心筋梗塞の際の入院は、7日間なので入院給付金は

　　1万円×7日=7万円

　死亡時には、死亡保険金100万円が支払われるので、

　　合計10万円+12万円+7万円+100万円=129万円

➡ テキストp.146　**解答**　3

11 生命保険料控除額は、「一般の生命保険料控除」「介護医療保険料控除」「個人年金保険料控除」について、それぞれ計算し、合計して求める。

〈資料〉の定期保険は、一般の生命保険料控除の対象となり、保険料は78,240円なので、

　　78,240円×1/4+20,000円=39,560円…①

〈資料〉の医療保険は介護医療保険料控除の対象となり、保険料は46,200円なので、

　　46,200円×1/4+20,000円=31,550円…②

　したがって、生命保険料控除額は、①+②=71,110円

➡ テキストp.149　**解答**　3

12 個人賠償責任保険は日常生活における損害への補償を対象とする保険なので、業務中における損害は対象外である。

➡ テキストp.162,165,166　**解答**　1

次の設例に基づいて、下記の各問(01〜03)に答えなさい。

2020年1月／個人・改

《設例》

　会社員のAさん(40歳)は、X社株式(東京証券取引所プライム市場上場)に投資したいと考えているが、株式投資をするに際して、債券投資との違いも理解しておきたいと考え、国内の大手企業が発行するY社債(特定公社債)も併せて検討することにした。そこで、Aさんは、ファイナンシャル・プランナーのMさんに相談することにした。

〈X社に関する資料〉

総資産	1兆8,000億円
自己資本(純資産)	4,800億円
当期純利益	320億円
年間配当金総額	200億円
発行済株式数	4億株
株価	1,500円
決算期	3月29日

※決算期：2025年3月31日（月）（配当の権利が確定する決算期末）

〈Y社債に関する資料〉

　・発行会社：国内の大手企業
　・購入価格：104.5円(額面100円当たり)
　・表面利率：2.0％
　・利払日　：年1回
　・残存期間：4年
　・償還価格：100円
　・格付　　：A

※上記以外の条件は考慮せず、各問に従うこと。

重要度 A

01 Mさんは、X社株式の投資指標および投資の際の留意点について説明した。MさんのAさんに対する説明として、次のうち最も適切なものはどれか。

1)「株価の相対的な割高・割安を判断する指標として、PERが用いられます。〈X社に関する資料〉から算出されるX社のPERは、1.25倍です」
2)「配当性向は株主に対する利益還元の比率を示す指標です。〈X社に関する資料〉から算出されるX社の配当性向は、62.5%です」
3)「X社株式の期末配当を受け取るためには、権利確定日である2025年3月31日（月）の3営業日前の2025年3月26日（水）までにX社株式を購入しておく必要があります」

重要度 B

02 Mさんは、Y社債に投資する場合の留意点等について説明した。MさんのAさんに対する説明として、次のうち最も適切なものはどれか。

1)「一般に、BBB（トリプルB）格相当以上の格付が付されていれば、投資適格債とされます」
2)「Y社債の利子は、申告分離課税の対象となり、利子の支払時において所得税および復興特別所得税と住民税の合計で10.21%相当額が源泉徴収等されます」
3)「毎年受け取る利子は、購入価格に表面利率を乗じることで求められます。表面利率は、発行時の金利水準や発行会社の信用度などに応じて決まります」

重要度 A

03 Y社債を《設例》の条件で購入した場合の最終利回り（年率・単利）は、次のうちどれか。なお、計算にあたっては税金や手数料等を考慮せず、答は%表示における小数点以下第3位を四捨五入している。

1) 0.84%
2) 0.88%
3) 1.91%

01 1）PERは「株価÷1株当たり純利益」で求められ、1株当たり純利益は、純利益を発行済株式数で割って求められる。したがって、1株当たり純利益＝320億円÷4億株＝80円であり、PER＝1,500円÷80円＝18.75倍

2）配当性向（％）は株主に対する利益還元の比率を示す指標であり、「配当金総額÷純利益×100」で求められる。したがって、X社の配当性向は200億円÷320億円×100＝62.5（％）である。

3）株式の売買代金は、株式の売買が成立した日（約定日）を含めて3営業日目に受渡しをする。したがって、X社株式の期末配当を受け取るためには、権利確定日である2025年3月31日（月）の2営業日前の2025年3月27日（木）までにX社株式を購入しておく必要がある。

➡ テキストp.213,216,217　解答　2

02 2）Y社債の利子は、利子所得として、利子の支払時に所得税および復興特別所得税と住民税の合計で20.315％相当額が源泉徴収され、申告分離課税あるいは申告不要を選択することになる。

3）毎年受け取る利子は、額面金額に表面利率を乗じることで求められる。表面利率は、発行時の金利水準や発行会社の信用度などに応じて決まる。

➡ テキストp.199,201,231　解答　1

03 最終利回りは、下記のような式で求められる。

$$最終利回り (\%) = \dfrac{表面利率 + \dfrac{額面(100円) - 買付価格}{残存年限(期間)}}{買付価格} \times 100$$

したがって、

$$最終利回り (\%) = \dfrac{2.0\% + \dfrac{100円 - 104.5円}{4\,年}}{104.5円} \times 100 = 0.8373\cdots$$

小数点以下第3位を四捨五入して、0.84%となる。

➡ テキストp.202　解答　1

╭─ おさらいするニャ

債券の4つの利回り

応募者利回り (%)	$= \dfrac{表面利率 + \dfrac{額面(100円) - 発行価格}{償還年限(期間)}}{発行価格} \times 100$
最終利回り (%)	$= \dfrac{表面利率 + \dfrac{額面(100円) - 買付価格}{残存年限(期間)}}{買付価格} \times 100$
所有期間利回り (%)	$= \dfrac{表面利率 + \dfrac{売却価格 - 買付価格}{所有期間}}{買付価格} \times 100$
直接利回り (%)	$= \dfrac{表面利率}{買付価格} \times 100$

2019年9月／個人・改

《設例》

　会社員のAさん（28歳）は、将来に向けた資産形成のため、株式や投資信託による運用を考えている。Aさんは、先日、会社の先輩社員から「最初はNISAから始めるのがよいのではないか」と言われたが、よくわからないでいる。

　そこで、Aさんは、金融機関に勤務するファイナンシャル・プランナーのMさんに相談することにした。Mさんは、Aさんに対して、X社株式（東京証券取引所プライム市場上場）およびY投資信託を例として、説明を行うことにした。

〈X社に関する資料〉

総資産	4,000億円
自己資本（純資産）	2,400億円
当期純利益	300億円
年間配当金総額	120億円
発行済株式数	8,000万株
株価	4,200円
決算期	12月31日

〈Y投資信託（公募株式投資信託）に関する資料〉

　銘柄名：TOPIXインデックスファンド（NISAつみたて投資枠対象商品）

　投資対象地域／資産　　：国内／株式

　信託期間　　　　　　　：無期限

　基準価額　　　　　　　：12,500円（1万口当たり）

　決算日　　　　　　　　：年1回（9月20日）

　購入時手数料　　　　　：なし

　運用管理費用（信託報酬）：0.1836％（税込）

　信託財産留保額　　　　：なし

※上記以外の条件は考慮せず、各問に従うこと。

04 はじめに、Mさんは、X社株式の投資指標について説明した。MさんのAさんに対する説明として、次のうち最も**不適切**なものはどれか。

1）「〈X社に関する資料〉から算出されるX社のPER（株価収益率）は、11.20倍となります。一般に、PERが高いほうが株価は割高、低いほうが株価は割安と判断されます」

2）「〈X社に関する資料〉から算出されるX社のPBR（株価純資産倍率）は、1.40倍となります。一般に、PBRが高いほうが株価は割安、低いほうが株価は割高と判断されます」

3）「一般に、PERの高い銘柄は今後の高い利益成長が期待されているとも考えられます。なお、PERやPBR等の投資指標の数値のみで株価の割高・割安を判断することは、必ずしも適切ではない場合があることをご理解ください」

05 次に、Mさんは、Y投資信託について説明した。MさんのAさんに対する説明として、次のうち最も**適切**なものはどれか。

1）「TOPIXは、東証株価指数と言われる株価指数です。東京証券取引所プライム市場に上場している内国普通株式の全銘柄を対象とする株価指数で、株価水準の高い銘柄（値がさ株）の値動きの影響を受けやすいという特徴があります」

2）「購入時手数料はありませんが、運用管理費用（信託報酬）の負担があります。一般に、運用管理費用（信託報酬）は、Y投資信託のようなインデックス型の投資信託のほうがアクティブ運用の投資信託よりも低いという特徴があります」

3）NISAの「つみたて投資枠」の対象となる投資信託は、Y投資信託のようなインデックス型の投資信託に限定されており、アクティブ運用の投資信託は投資対象となっていません」

06 最後に、Mさんは、新NISAの「成長投資枠」と「つみたて投資枠」について
アドバイスした。MさんのAさんに対するアドバイスとして、次のうち最
も不適切なものはどれか。

1）「X社株式を購入する場合は、成長投資枠を利用してください。つみ
　たて投資枠では、上場株式を購入することができません」
2）「つみたて投資枠では、対象銘柄を指定したうえで、累積投資契約に
　基づく定期かつ継続的な買付けを行います。非課税投資枠は年間120万
　円、非課税期間は無期限となります」
3）「成長投資枠とつみたて投資枠は、同一年中において、併用して新規
　投資等に利用することができます。なお、成長投資枠の非課税投資枠は
　年間120万円です」

04 1）PERは「株価÷1株当たり純利益」で計算できるので、〈X社に関する資料〉から、PER＝4,200円÷（300億円÷8,000万株）＝11.20（倍）である。また、PERは高いほうが株価は割高だと判断される。

2）PBRは「株価÷1株当たり純資産」で計算できるので、〈X社に関する資料〉から、PBR＝4,200円÷（2,400億円÷8,000万株）＝1.40（倍）である。また、PBRは高いほうが株価は割高だと判断される。

3）一般に割高だと判断されるPERの高い銘柄は、今後の高い利益成長が期待されているとも考えられる。また、PERやPBR等の投資指標の数値のみで株価の割安・割高を判断することは適切ではない。

➡ テキストp.217 解答 **2**

05 1）TOPIXは、東証株価指数と言われる株価指数で、2022年3月までは東京証券取引所市場第一部に上場している内国普通株式の全銘柄を対象としていた。2022年4月の市場区分変更の際に、従前のTOPIX構成銘柄は、選択する市場（プライム市場・スタンダード市場・グロース市場）に関わらず全て継続採用された。時価総額の大きい銘柄の影響を受けやすいという特徴がある。

3）新NISAの「つみたて投資枠」の対象となる投資信託は、長期・積立・分散投資に適した公募株式投資信託とETFに限定されるが、インデックス型の投資信託に限定されているわけではなく、対象となるアクティブ運用の投資信託もある。

➡ テキストp.208,211,215,234 解答 **2**

06 3）2024年から新NISAとなり「成長投資枠」と「つみたて投資枠」は同一年中においても、併用して新規投資等に利用できるようになった。なお、「成長投資枠」の非課税投資枠は年間240万円であり、「つみたて投資枠」は年間120万円である。

➡ テキストp.233,234 解答 **3**

下記の各問(07 〜 09)について答えなさい。

重要度 A

07 景気動向指数に関する下表の空欄(ア)〜(ウ)にあてはまる語句として、最も適切なものはどれか。

	採用指標銘(抜粋)
先行系列	・新規求人数(除く学卒) ・新設住宅着工床面積 ・(ア)
一致系列	・鉱工業用生産財出荷指数 ・耐久消費財出荷指数 ・(イ)
遅行系列	・常用雇用指数(調査産業計、前年同月比) ・完全失業率(逆サイクル※) ・(ウ)

※「逆サイクル」とは、指数の上昇・下降が景気の動きと反対になる指標であることを指す。

1. (ア)有効求人倍率(除く学卒)
2. (イ)東証株価指数
3. (ウ)消費者物価指数(生鮮食品を除く総合、前年同月比)

2024年1月/資産

08 下記は、投資信託の費用についてまとめた表である。下表の空欄（ア）～（ウ）に入る語句として、最も不適切なものはどれか。

投資信託の費用	主な内容
購入時手数料	投資信託の購入時に支払う費用。購入時手数料が徴収されない（　ア　）と呼ばれる投資信託もある。
運用管理費用（信託報酬）	運用のための費用や情報開示のための資料作成・発送、資産の保管・管理などの費用として徴収される。信託財産の残高から、（　イ　）、差し引かれる。
（　ウ　）	投資家間の公平性を保つために、一般的に、解約の際に徴収される。投資信託によって、差し引かれないものもある。

1）空欄（ア）：ノーロード型

2）空欄（イ）：日々

3）空欄（ウ）：収益分配金

2021年1月／資産

09 広尾さんは、預金保険制度の対象となるHA銀行の国内支店に下記〈資料〉の金融資産を預け入れている。仮に、HA銀行が破綻した場合、預金保険制度によって保護される金額として、正しいものはどれか。

〈資料〉

	（単位：万円）
普通預金	360
定期預金	220
外貨預金	120
株式投資信託	280

注1：広尾さんは、HA銀行から借入れをしていない。
注2：普通預金は決済用預金ではない。
注3：預金の利息については考慮しないこととする。
注4：HA銀行は過去1年以内に他行との合併等を行っていないこととする。

1．580万円

2．700万円

3．860万円

2022年9月／資産

07 「有効求人倍率(除く学卒)」は、一致系列である。「東証株価指数」は先行系列である。「消費者物価指数」は遅行系列で正しい。

➡️ テキストp.182 　解答　3

08 3) 投資家間の公平性を保つために、一般的に、解約の際に徴収されるのは、**信託財産留保額**である。投資信託によって、差し引かれないものもある。

➡️ テキストp.210 　解答　3

09 預金保険制度で保護の対象となるのは、1金融機関につき「**決済用預金全額**」と、それ以外の預金は「**合算して元本1,000万円までとその利息**」である。外貨預金、株式投資信託は保護の対象外である。したがって、広尾さんの資産のうち保護の対象となるのは、普通預金360万円＋定期預金220万円＝580万円　である。

➡️ テキストp.187 　解答　1

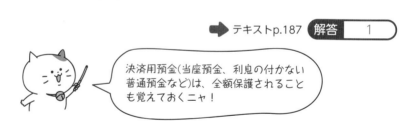

決済用預金(当座預金、利息の付かない普通預金など)は、全額保護されることも覚えておくニャ！

実技試験

下記の各問(10〜12)について答えなさい。

重要度 B

10 下記は、経済用語についてまとめた表である。下表の(ア)〜(ウ)に入る用語として、最も不適切なものはどれか。

経済用語	主な内容
（　ア　）	生産、雇用などの経済活動状況を表すさまざまな指標の動きを統合して、景気の現状把握や将来の動向を予測するために内閣府が公表している指標である。
（　イ　）	消費者が購入するモノやサービスなどの物価の動きを把握するための統計指標で、総務省から毎月公表されている。
（　ウ　）	企業間で取引される商品の価格変動に焦点を当てた指標であり、日本銀行が公表している。国際商品市況や外国為替相場の影響を受けやすい傾向がある。

1）空欄（ア）：「景気動向指数」
2）空欄（イ）：「消費者態度指数」
3）空欄（ウ）：「企業物価指数」

2019年5月／資産

11 下記は、個人向け国債についてまとめた表である。下表の(ア)～(ウ)に入る語句として、正しいものはどれか。

償還期限	10年	5年	3年
金利	変動金利	固定金利	固定金利
発行月（発行頻度）	毎月（年12回）		
購入単位	（　ア　）単位		
利払い	（　イ　）ごと		
金利設定方法	基準金利×0.66	基準金利−0.05％	基準金利−0.03％
金利の下限	0.05％		
中途換金	原則として、発行から（　ウ　）経過しなければ換金できない。		

1）空欄(ア)：「1万円」
2）空欄(イ)：「1年」
3）空欄(ウ)：「2年」

2019年5月／資産

12 下記＜資料＞の投資信託を50万口購入する場合の購入金額として、正しいものはどれか。なお、解答に当たっては、円未満を切り捨てること。

＜資料＞

約定日の基準価額（1万口当たり）19,855円
購入時手数料（税込み）2.20％
運用管理費用（信託報酬・税込み）年0.66％

1．999,302円
2．1,014,590円
3．1,021,142円

2023年1月／資産

10　2）消費者が購入するモノやサービスなどの物価の動きを把握するための統計指標で、**総務省から毎月公表されている**のは「**消費者物価指数**」である。

➡ テキストp.182,183　**解答**　2

11　1）最低購入金額は1万円で、1万円単位での購入となる。
　　2）利払いは**半年**ごとである。
　　3）原則として、発行から**1年**経過しなければ換金できない。

➡ テキストp.199　**解答**　1

12　投資信託の購入金額は、約定日の基準価額に購入する口数を掛け、さらに購入時手数料を加えて求める。したがって、19,855円×50万口÷1万口×（1＋0.022）＝1,014,590.5
円未満を切り捨てて、1,014,590円である。
なお、**運用管理費用は投資信託の保有中に差し引かれる費用であり、購入時に支払うことはない。**

➡ テキストp.210　**解答**　2

実技
試験

次の設例に基づいて、下記の各問（01 〜 03）に答えなさい。

2019年9月／個人・改

《設例》

　会社員のAさんは、妻Bさんおよび長女Cさんとの3人家族である。Aさんは、老後の年金収入を増やすために、2024年1月から確定拠出年金の個人型年金の掛金（月額12,000円）を拠出している。また、Aさんは、2024年中に「ふるさと納税」の制度を利用して、8つの地方自治体に計10万円の寄附を行っている。

〈Aさんとその家族に関する資料〉

　Aさん　　　（45歳）：会社員

　妻Bさん　　（42歳）：専業主婦。2024年中の収入はない。

　長女Cさん（17歳）：高校生。2024年中の収入はない。

〈Aさんの2024年分の収入等に関する資料〉

　（1）給与収入の金額　　：　800万円

　（2）一時払養老保険（10年満期）の満期保険金

　　　契約年月　　　　　　　　　　：2014年7月

　　　契約者（＝保険料負担者）・被保険者：Aさん

　　　死亡保険金受取人　　　　　　：妻Bさん

　　　満期保険金受取人　　　　　　：Aさん

　　　満期保険金額　　　　　　　　：330万円

　　　一時払保険料　　　　　　　　：300万円

※妻Bさんおよび長女Cさんは、Aさんと同居し、生計を一にしている。
※Aさんとその家族は、いずれも障害者および特別障害者には該当しない。
※Aさんとその家族の年齢は、いずれも2024年12月31日現在のものである。
※上記以外の条件は考慮せず、各問に従うこと。

01 Aさんの2024年分の所得税における総所得金額は、次のうちどれか。

1）610万円
2）625万円
3）640万円

〈資料〉給与所得控除額

給与収入金額		給与所得控除額
万円超	万円以下	
162.5万円まで		55万円
162.5 〜	180	給与収入金額×40％−10万円
180 〜	360	給与収入金額×30％＋8万円
360 〜	660	給与収入金額×20％＋44万円
660 〜	850	給与収入金額×10％＋110万円
850 〜		195万円（上限）

02 Aさんの2024年分の所得税における所得控除に関する以下の文章の空欄①〜③に入る語句の組合せとして、次のうち最も適切なものはどれか。

> ⅰ）Aさんが拠出した確定拠出年金の個人型年金の掛金は、その全額が（　①　）の対象となり、総所得金額から控除することができる。
> ⅱ）Aさんが適用を受けることができる配偶者控除の控除額は、（　②　）である。
> ⅲ）Aさんが適用を受けることができる扶養控除の控除額は、（　③　）である。

1）①　小規模企業共済等掛金控除　　②　38万円　　③　38万円
2）①　社会保険料控除　　②　38万円　　③　63万円
3）①　小規模企業共済等掛金控除　　②　26万円　　③　63万円

03 Aさんの2024年分の所得税の確定申告に関する次の記述のうち、最も適切なものはどれか。

1）「Aさんは、ふるさと納税に係る寄附金控除について、年末調整では適用を受けることができませんので、所得税の確定申告が必要となります」

2）「一時払養老保険の満期保険金に係る保険差益は、雑所得として総合課税の対象となります。保険差益の額が20万円を超えるため、Aさんは所得税の確定申告をする義務が生じます」

3）「確定申告書は、原則として、2025年2月16日から3月15日までの間にAさんの勤務地を所轄する税務署長に提出してください」

01 Aさんの2024年分の収入は、給与収入800万円と一時払養老保険の満期保険金330万円である。

資料から、給与所得控除額は　800万円×10％＋110万円＝190万円

したがって、給与所得は、800万円－190万円＝610万円

一時払養老保険の満期保険金は一時所得になるので、

一時所得＝（330万円－300万円（一時払保険料））－50万円（特別控除額）

　　　　＝▲20万円　∴0円

したがって、総所得金額は、610万円＋0円＝610万円　である。

➡ テキストp.259,265,271　解答　1

02 ⅰ）確定拠出年金の個人型年金の掛金は、その**全額が小規模企業共済等掛金控除の対象**となる。

ⅱ）Aさんの収入は900万円以下で、妻Bさんは70歳未満で収入がないので、**控除対象配偶者**であり、控除額は**38万円**となる。

〈配偶者控除額〉

控除を受ける人の合計所得金額	控除額	
	控除対象配偶者	老人控除対象配偶者（70歳以上）
900万円以下	38万円	48万円
900万円超950万円以下	26万円	32万円
950万円超1,000万円以下	13万円	16万円

ⅲ）長女Cさんは17歳なので、**一般の扶養親族**に区分され、控除額は38万円である。

➡ テキストp.283,284,287　解答　1

03 1）給与所得者等で「ふるさと納税ワンストップ特例制度」を利用するつもりでも、寄付先が6団体以上のときは利用できず、確定申告が必要である。

2）一時払養老保険の満期保険金に係る保険差益は、**一時所得**として総合課税の対象となる。保険満期金の330万円と一時払保険料300万円との差益は30万円で、一時所得の**特別控除額50万円**を下回るため、一時所得の金額は0円となる。

3）確定申告書は、原則として、2025年2月16日から3月15日までの間に、Aさんの**住所地を所轄する税務署長**に提出する。

➡ テキストp.265,302 解答 　1

実技試験

タックスプランニング

次の設例に基づいて、下記の各問（04 ～ 06）に答えなさい。

2020年9月／個人・改

《設例》

　個人事業主であるAさんは、開業後直ちに青色申告承認申請書と青色事業専従者給与に関する届出書を所轄税務署長に対して提出している青色申告者である。

〈Aさんとその家族に関する資料〉

　Aさん　　（64歳）：個人事業主(青色申告者)

　妻Bさん　（57歳）：Aさんの事業に専ら従事し、青色事業専従者給与(2024年分：84万円)の支払を受けている。

〈Aさんの2024年分の収入等に関する資料〉

　（1）事業所得の金額　　　　　　　　　：400万円(青色申告特別控除後)

　（2）特別支給の老齢厚生年金の金額：50万円

　（3）上場株式の譲渡損失の金額(証券会社を通じて譲渡したものである)：30万円

※妻Bさんは、Aさんと同居し、生計を一にしている。
※Aさんおよび妻Bさんは、いずれも障害者および特別障害者には該当しない。
※Aさんおよび妻Bさんの年齢は、いずれも2024年12月31日現在のものである。
※上記以外の条件は考慮せず、各問に従うこと。

重要度 **B**

04 所得税における青色申告制度に関する以下の文章の空欄①～③に入る数値の組合せとして、次のうち最も適切なものはどれか。

> ⅰ)「2020年分以後の所得税からは、事業所得に係る取引を正規の簿記の原則に従い記帳し、その記帳に基づいて作成した貸借対照表、損益計算書その他の計算明細書を添付した確定申告書を法定申告期限内に提出することにより、事業所得の金額の計算上、青色申告特別控除として最高(①)万円を控除することができます。さらに、従前の要件に加えてe-Taxによる申告(電子申告)または電子帳簿保存を行うことで、(②)万円の青色申告特別控除の適用を受けることができます」
>
> ⅱ)「青色申告者が受けられる税務上の特典として、青色申告特別控除のほかに、青色事業専従者給与の必要経費算入、純損失の(③)年間の繰越控除、純損失の繰戻還付、棚卸資産の評価について低価法を選択することができることなどが挙げられます」

1) ① 55 ② 65 ③ 5
2) ① 55 ② 65 ③ 3
3) ① 65 ② 75 ③ 3

05 Aさんの2024年分の所得税の課税に関する次の記述のうち、最も不適切なものはどれか。

1）「妻Bさんは青色事業専従者として給与の支払を受けているため、Aさんは、妻Bさんについて配偶者控除の適用を受けることはできません」
2）「Aさんの場合、公的年金等の収入金額の合計額が60万円以下であるため、公的年金等に係る雑所得の金額は算出されません」
3）「Aさんの場合、上場株式の譲渡損失の金額を事業所得の金額と損益通算することができます」

06 Aさんの2024年分の所得税における総所得金額は、次のうちどれか。

1）400万円
2）420万円
3）450万円

04 ・2020年分以後の所得税からは、事業所得等に係る取引を正規の簿記の原則に従い記帳し、その記帳に基づいて作成した貸借対照表、損益計算書その他の計算明細書を添付した確定申告書を法定申告期限内に提出することにより、事業所得の金額の計算上、**青色申告特別控除**として最高**55万円**を控除することができる。さらに、従前の要件に加えてe-Taxによる申告（電子申告）または電子帳簿保存を行うことで、**65万円**の青色申告特別控除の適用を受けることができる。

・青色申告者が受けられる税務上の特典として、青色申告特別控除のほかに、青色事業専従者給与の必要経費算入、純損失の**3年間**の繰越控除、純損失の繰戻還付、棚卸資産の評価について低価法を選択できることなどが挙げられる。

➡ テキストp.304　解答　2

05 2）公的年金等に係る**雑所得**には**公的年金等控除**があり、受給者が65歳未満で公的年金収入が130万円未満かつ公的年金等に係る雑所得以外の所得が1,000万円以下の場合の公的年金等控除額は60万円である。Aさんの公的年金等の収入金額の合計額が60万円以下であるため、公的年金等に係る雑所得の金額は算出されない。

3）上場株式の譲渡損失の金額は、**株式等に係る譲渡所得等**以外の所得の金額との**損益通算**はできない。

➡ テキストp.266,273,283　解答　3

06 Aさんの2024年分の収入等は以下の3つであるが、特別支給の老齢厚生年金は60万円以下のため、公的年金等の雑所得の金額は0となる（解説05 2参照）。また、上場株式の譲渡損失の金額は、株式等に係る譲渡所得等以外の所得の金額とは損益通算できない（解説05 3参照）。

・事業所得の金額　　　　　　　　　　　：400万円（青色申告特別控除後）
・特別支給の老齢厚生年金の金額　　　：50万円
・上場株式の譲渡損失の金額（証券会社を通じて譲渡したものである）：30万円
したがって、Aさんの2024年の総所得金額は400万円となる。

➡ テキストp.248 ～ ,266,273　解答　1

次の設例に基づいて、下記の各問(07 ～ 09)に答えなさい。

2020年9月／保険・改

《設例》

　会社員のAさんは、妻Bさん、長男Cさんおよび父Dさんとの4人家族である。Aさんは、2024年中に終身保険および一時払変額個人年金保険(10年確定年金)の解約返戻金を受け取っている。また、Aさんは、住宅ローンを利用して2024年2月に新築マンションを取得し、同月中に入居している。

〈Aさんとその家族に関する資料〉

　Aさん　　　(43歳)：会社員

　妻Bさん　　(42歳)：専業主婦。2024年中の収入はない。

　長男Cさん(19歳)：大学生。2024年中の収入はない。

　父Dさん　　(72歳)：2024年中の収入は、老齢基礎年金のみであり、その収
入金額は72万円である。

〈Aさんの2024年分の収入等に関する資料〉

(1) 給与収入の金額　　：　800万円

(2) 終身保険の解約返戻金

　　　契約年月　　　　　　　　　　：2009年1月

　　　契約者(＝保険料負担者)・被保険者：Aさん

　　　死亡保険金受取人　　　　　　：妻Bさん

　　　解約返戻金額　　　　　　　　：100万円

　　　正味払込済保険料　　　　　　：120万円

(3) 一時払変額個人年金保険(10年確定年金)の解約返戻金

　　　契約年月　　　　　　　　　　：2013年5月

　　　契約者(＝保険料負担者)・被保険者：Aさん

　　　死亡保険金受取人　　　　　　：妻Bさん

　　　解約返戻金額　　　　　　　　：620万円

　　　一時払保険料　　　　　　　　：500万円

〈Aさんが利用した住宅ローンに関する資料〉

借入年月日　　　　　　　：2024年2月10日
2024年12月末の借入金残高：2,500万円

※住宅借入金等特別控除の適用要件は、すべて満たしている。
※妻Bさん、長男Cさんおよび父Dさんは、Aさんと同居し、生計を一にしている。
※Aさんとその家族は、いずれも障害者および特別障害者には該当しない。
※Aさんとその家族の年齢は、いずれも2024年12月31日現在のものである。
※上記以外の条件は考慮せず、各問に従うこと。

07 Aさんの2024年分の所得税における所得控除に関する以下の文章の空欄①〜③に入る数値の組合せとして、次のうち最も適切なものはどれか。

> ⅰ）Aさんが適用を受けることができる配偶者控除の控除額は、（　①　）万円である。
> ⅱ）長男Cさんは特定扶養親族に該当するため、Aさんが適用を受けることができる長男Cさんに係る扶養控除の控除額は、（　②　）万円である。
> ⅲ）父Dさんは老人扶養親族の同居老親等に該当するため、Aさんが適用を受けることができる父Dさんに係る扶養控除の控除額は、（　③　）万円である。

1）① 38　② 38　③ 48
2）① 38　② 63　③ 58
3）① 48　② 63　③ 48

08 Aさんの2024年分の所得税における総所得金額は、次のうちどれか。

1) 635万円
2) 650万円
3) 700万円

〈資料〉給与所得控除額

給与収入金額		給与所得控除額
万円超	万円以下	
162.5万円まで		55万円
162.5 ～	180	給与収入金額×40％－10万円
180 ～	360	給与収入金額×30％＋ 8万円
360 ～	660	給与収入金額×20％＋44万円
660 ～	850	給与収入金額×10％＋110万円
850 ～		195万円（上限）

09 住宅借入金等特別控除に関する次の記述のうち、最も適切なものはどれか。

1) 「Aさんは、2024年分の所得税から最長で15年間、住宅借入金等特別控除の適用を受けることができます」
2) 「転勤等のやむを得ない事由によりAさんが単身赴任で転居した場合、妻Bさんが引き続きマンションに居住していたとしても、単身赴任後は住宅借入金等特別控除の適用を受けることができなくなります」
3) 「Aさんが2024年分の所得税において住宅借入金等特別控除の適用を受けるためには、一定の書類を添付して、所轄税務署長に確定申告書を提出する必要がありますが、翌年分以後の所得税については、年末調整においてその適用を受けることができます」

07 ⅰ）Aさんの収入は900万円以下で、妻Bさんは収入がないので、控除対象
配偶者となり、控除額は**38万円**である。

ⅱ）長男Cさんは特定扶養親族に該当するため、控除額は**63万円**である。

ⅲ）父Dさんには年金収入72万円があるが、公的年金等控除額110万円を
差し引くと合計所得金額は0円となるため、扶養控除の適用を受けられ
る。父Dさんは老人扶養親族の同居老親等に該当するため、控除額は
58万円である。

〈配偶者控除額〉

控除を受ける人の 合計所得金額	控除額	
	控除対象配偶者	老人控除対象配偶者 （70歳以上）
900万円以下	38万円	48万円
900万円超950万円以下	26万円	32万円
950万円超1,000万円以下	13万円	16万円

〈扶養控除〉おもな適用要件：扶養親族の合計所得金額は48万円以下

一般の扶養親族（16歳以上19歳未満）		38万円
特定扶養親族（19歳以上23歳未満）		63万円
一般の扶養親族（23歳以上70歳未満）		38万円
老人扶養親族（70歳以上）	同居老親等以外	48万円
	同居老親等	58万円

➡ テキストp.283,284 解答 2

08 Aさんの2024年の給与収入は800万円なので、

給与所得控除額は、800万円×10％＋110万円＝190万円である。

したがって給与所得額は、800万円－190万円＝610万円となる。

終身保険の解約返戻金は正味払込済保険料より少なく、差損は20万円である。

一時払変額個人年金保険と一時払保険料との差益は120万円なので、内部通算し、Aさんの一時所得の金額を求めると、（100万円＋620万円）－（120万円＋500万円）－50万円（特別控除）＝50万円となる。

この2分の1の金額を合算して、Aさんの総所得金額を求めると、

610万円＋50万円×1/2＝635万円である。

➡ テキストp.259,265,272〜274 解答 1

1/2かけるのを忘れないニャ

09 1）2024年分の所得税から最長で13年間、住宅借入金等特別控除の適用を受けることができる。

2）転勤等のやむを得ない事由によりその家屋の所有者が単身赴任で転居し、家族が引き続きその家屋に居住していて、当該やむを得ない事情が解消した後はその家屋の所有者が共にその家屋に居住することと認められるときは、「その家屋の所有者が入居し、その後もその家屋の所有者が引き続き居住している」ものとして取り扱われ、住宅借入金等特別控除の適用を受けることができる。

➡ テキストp.297,298 解答 3

⊖おさらいするニャ

給与所得の計算式

給与所得の金額＝収入金額（給与収入）－給与所得控除額

次の設例に基づいて、下記の各問（10〜12）に答えなさい。

2023年1月／保険・改

《設例》

　個人事業主であるＡさんは、開業後直ちに青色申告承認申請書と青色事業専従者給与に関する届出書を所轄税務署長に対して提出している青色申告者である。Ａさんは、2024年中に終身保険の解約返戻金を受け取っている。

〈Ａさんとその家族に関する資料〉

Ａさん　　　（50歳）：個人事業主（青色申告者）

妻Ｂさん　　（47歳）：Ａさんの事業に専ら従事し、2024年中に、青色事業専従者として給与収入80万円を得ている。

長女Ｃさん（21歳）：大学生。2024年中に、塾講師のアルバイトとして給与収入90万円を得ている。

二女Ｄさん（17歳）：高校生。2024年中の収入はない。

〈Ａさんの2024年分の収入等に関する資料〉

（1）事業所得の金額：450万円（青色申告特別控除後）

（2）終身保険の解約返戻金

　　　契約年月　　　　　　　　　　　：2010年5月

　　　契約者（＝保険料負担者）・被保険者　：Ａさん

　　　死亡保険金受取人　　　　　　　：妻Ｂさん

　　　解約返戻金額　　　　　　　　　：240万円

　　　正味払込保険料　　　　　　　　：270万円

※妻Ｂさん、長女Ｃさんおよび二女Ｄさんは、Ａさんと同居し、生計を一にしている。

※Ａさんとその家族は、いずれも障害者および特別障害者には該当しない。

※Ａさんとその家族の年齢は、いずれも2024年12月31日現在のものである。

※上記以外の条件は考慮せず、各問に従うこと。

10 所得税における青色申告制度に関する以下の文章の空欄①〜③に入る数値の組合せとして、次のうち最も適切なものはどれか。

---

i)「事業所得の金額の計算上、青色申告特別控除として最高（ ① ）万円を控除することができます。（ ① ）万円の青色申告特別控除の適用を受けるためには、事業所得に係る取引を正規の簿記の原則に従い記帳し、その記帳に基づいて作成した貸借対照表、損益計算書その他の計算明細書を添付した確定申告書を法定申告期限内に提出することに加えて、e-Taxによる申告（電子申告）または電子帳簿保存を行う必要があります。なお、確定申告書を法定申告期限後に提出した場合、青色申告特別控除額は最高（ ② ）万円となります」

ii)「青色申告者が受けられる税務上の特典として、青色申告特別控除のほかに、青色事業専従者給与の必要経費算入、純損失の（ ③ ）年間の繰越控除、純損失の繰戻還付、棚卸資産の評価について低価法を選択することができることなどが挙げられます」

---

1) ① 55 ② 10 ③ 7
2) ① 65 ② 55 ③ 7
3) ① 65 ② 10 ③ 3

11 Aさんの2024年分の所得税における所得控除に関する次の記述のうち、最も不適切なものはどれか。

1）「妻Bさんは青色事業専従者として給与の支払を受けているため、Aさんは、配偶者控除の適用を受けることができません」
2）「長女Cさんは、特定扶養親族に該当するため、Aさんは、長女Cさんについて63万円の扶養控除の適用を受けることができます」
3）「二女Dさんは、控除対象扶養親族に該当しないため、Aさんは、二女Dさんについて扶養控除の適用を受けることができません」

12 Aさんの2024年分の所得税における総所得金額は、次のうちどれか。

1）420万円
2）450万円
3）690万円

10 ⅰ）

・正規の簿記の原則に従い記帳し、その記帳に基づいて作成した貸借対照表、損益計算書その他の計算明細書を添付した確定申告書を法定申告期限内に提出した場合には、55万円の青色申告特別控除が受けられる。これに加えて、e-Taxによる申告（電子申告）または電子帳簿保存を行った場合には65万円の青色申告特別控除が受けられる。

・確定申告書を法定申告期限後に提出した場合には、青色申告特別控除額は最高10万円となる。

ⅱ）青色申告者が受けられる税務上の特典は、青色申告特別控除のほかに次のようなものがある。

・青色事業専従者給与の必要経費算入

・純損失の３年間の繰越控除

・純損失の繰戻還付

・棚卸資産の評価について低価法を選択可能

➡ テキストp.303,304　**解答** 　3

11 1）適切。配偶者が青色事業専従者として給与の支払を受けている場合は、配偶者控除の適用を受けることができない。

2）適切。長女Ｃさんは、**特定扶養親族（19歳〜23歳未満）**に該当するため、Ａさんは、長女Ｃさんについて63万円の扶養控除の適用を受けることができる。

3）不適切。二女Ｄさんは、**控除対象扶養親族（16歳以上）**に該当するため、Ａさんは、二女Ｄさんについて扶養控除の適用を受けることができる。

➡ テキストp.283,284,286　**解答** 　3

12 Ａさんの2024年の所得は、事業所得（450万円）と、終身保険の解約返戻金による一時所得である。

一時所得は、240万円（解約返戻金）－270万円（正味払込保険料）＝▲30万円となるが、**一時所得のマイナスは他の所得と損益通算できない**ので、総所得金額は、事業所得の450万円である。

➡ テキストp.257,265,273,274　**解答** 　2

下記の各問（13 〜 15）について答えなさい。

重要度 Ⓐ

13 所得税の青色申告特別控除に関する次の記述の空欄（ア）〜（ウ）にあてはまる語句の組み合わせとして、最も適切なものはどれか。

・不動産所得または事業所得を生ずべき事業を営んでいる青色申告者で、これらの所得に係る取引を正規の簿記の原則（一般的には複式簿記）により記帳し、その記帳に基づいて作成した貸借対照表および（　ア　）を確定申告書に添付して法定申告期限内に提出している場合には、原則として、これらの所得を通じて最高（　イ　）を控除することができる。
・この（　イ　）の青色申告特別控除を受けることができる人が、所定の帳簿の電子帳簿保存または国税電子申告・納税システム（ｅ－Ｔａｘ）により電子申告を行っている場合には、最高（　ウ　）の青色申告特別控除が受けられる。

1．（ア）損益計算書　　（イ）10万円　　（ウ）55万円
2．（ア）損益計算書　　（イ）55万円　　（ウ）65万円
3．（ア）収支内訳書　　（イ）55万円　　（ウ）65万円

2024年1月/資産

14 会社員の細川博さんが2024年中に支払った医療費等が下記〈資料〉のとおりである場合、博さんの2024年分の所得税の確定申告における医療費控除の金額として、正しいものはどれか。なお、博さんの2024年中の所得は、給与所得600万円のみであり、支払った医療費等はすべて博さんおよび生計を一にする妻のために支払ったものである。また、保険金等により補てんされた金額はないものとし、医療費控除の金額が最も大きくなるよう計算することとする。

〈資料〉

支払年月	医療等を受けた人	医療機関等	内容	支払金額
2024年2月	妻	A形成外科	美容目的の施術代	150,000円
2024年8月	博さん	B病院	健康診断料（※）	20,000円
2024年9月	博さん	B病院	治療費（※）	250,000円

（※）博さんは2024年8月に受けた健康診断により重大な疾病が発見されたため、引き続き入院して治療を行った。

1．320,000円
2．170,000円
3．150,000円

2022年1月/資産・改

重要度 A

15 会社員の大下さんの2024年分の収入は下記〈資料〉のとおりである。大下さんの2024年分の給与所得の金額として、正しいものはどれか。なお、〈資料〉に記載のない事項については一切考慮しないこととする。

〈資料〉

内容	金額
給料	580万円
賞与	170万円

〈給与所得控除額の速算表〉

給与収入金額		給与所得控除額
万円超	万円以下	
162.5万円まで		55万円
162.5 〜	180	給与収入金額×40％－10万円
180 〜	360	給与収入金額×30％＋8万円
360 〜	660	給与収入金額×20％＋44万円
660 〜	850	給与収入金額×10％＋110万円
850 〜		195万円（上限）

1）750万円
2）565万円
3）420万円

2019年9月／資産・改

13 事業的規模の不動産所得または事業所得を生ずべき事業を営んでいる**青色申告者**で、これらの所得に係る取引を**正規の簿記の原則**(一般的には複式簿記)により記帳し、その記帳に基づいて作成した**貸借対照表**および**損益計算書**を確定申告書に添付して法定申告期限内(翌年3月15日まで)に提出している場合には、原則として、これらの所得を通じて**最高55万円**を控除することができる。

この55万円の青色申告特別控除を受けることができる人が、所定の帳簿の**電子帳簿保存**または**国税電子申告・納税システム(e−Tax)**により電子申告を行っている場合には、**最高65万円の青色申告特別控除**が受けられる。

➡ テキストp.304 **解答** 2

14 ・美容目的の施術代は医療費控除の対象とはならない
・健康診断料は原則として医療費控除の対象とならないが、健康診断等の結果、重大な疾病が発見され、かつ、その診断等に引き続きその疾病の治療を行った場合には、その健康診断等は治療に先立って行われる診察と同様に考えることができるため、健康診断料も医療費控除の対象となる。
・医療費控除の金額は、
「実際に支払った医療費の合計額−保険金等で補填された金額−10万円」で求められる
・したがって、医療費控除の金額は、
20,000円+250,000円−100,000円=170,000円となる

➡ テキストp.288 **解答** 2

15 〈資料〉より、給与収入は、給料と賞与の合計750万円(580万円+170万円)である。
給与所得控除額を求めると、750万円×10%+110万円=185万円
したがって、給与所得の金額は、750万円−185万円=565万円である。

➡ テキストp.259 **解答** 2

実技試験

下記の各問(16 〜 18)について答えなさい

16 個人事業主として不動産賃貸業を営む山本さんは、FPで税理士でもある倉田さんに2024年分の所得税より確定申告書の作成を依頼することにした。山本さんの2024年分の収入および必要経費が下記〈資料〉のとおりである場合、山本さんの2024年分の不動産所得の金額(青色申告特別控除前の金額)として、正しいものはどれか。

〈資料〉

[山本さんの2024年分の収入および必要経費]

・収入

　家賃　380万円(未収家賃・前受家賃は発生していない)

　礼金　20万円(全額返還を要しない)

　敷金　60万円(退去時に全額返還する予定である)

・必要経費

　210万円

※山本さんは2024年分の所得税から青色申告の承認を受けている。

1) 250万円

2) 190万円

3) 170万円

2020年1月／資産・改

199

17 会社員の室井さんは、2024年中に勤務先を定年退職した。室井さんの退職に係るデータが下記〈資料〉のとおりである場合、室井さんの所得税に係る退職所得の金額として、正しいものはどれか。なお、室井さんが役員であったことはなく、退職は障害者になったことに基因するものではない。また、前年以前に受け取った退職金はないものとする。

〈資料〉

［室井さんの退職に係るデータ］
支給された退職一時金：4,500万円
勤続年数：38年
［参考：退職所得控除額の求め方］

勤続年数	退職所得控除額
20年以下	40万円×勤続年数(80万円に満たない場合には、80万円)
20年超	800万円＋70万円×(勤続年数－20年)

1）2,440万円
2）2,060万円
3）1,220万円

2021年1月／資産・改

18 個人事業主として物品販売業を営む天野さんの2024年分の各種所得の金額が下記〈資料〉のとおりである場合、天野さんの総合課税の対象とされる2024年分の総所得金額として、正しいものはどれか。なお、〈資料〉に記載のない条件については一切考慮しないこととする。

〈資料〉

［天野さんの2024年分の所得の金額］
事業所得の金額　350万円
給与所得の金額　60万円(退職した勤務先から受給したもので、給与所得控除後の金額である)
譲渡所得の金額　100万円(上場株式の譲渡によるもの)

1）160万円
2）410万円
3）510万円

2019年5月／資産・改

16 〈資料〉にある収入のうち、**家賃や礼金(全額返還を要しない)は収入になる**が、退去時に全額返還する予定の敷金は収入として扱わない。

したがって、収入は380万円＋20万円＝400万円であり、必要経費の210万円を差し引くと、190万円が不動産所得の金額となる。

➡ テキストp.256　解答 **2**

17 退職所得は「(収入金額−退職所得控除額)×1/2」で計算する。

最初に退職所得控除額を計算する。勤続年数は38年で20年超なので、

退職所得控除額：800万円＋70万円×(38年−20年)＝2,060万円

退職所得：(4,500万円−2,060万円)×1/2＝1,220万円

➡ テキストp.261,262　解答 **3**

18 **上場株式の譲渡による譲渡所得は、総合課税の対象にはならない。**

したがって、天野さんの総合課税の対象となる2024年分の総所得金額は、350万円(事業所得)＋60万円(給与所得)＝410万円　である。

➡ テキストp.257,260,263　解答 **2**

次の設例に基づいて、下記の各問(01〜03)に答えなさい。

2019年5月／個人

《設例》

　会社員のAさん(57歳)は11年前に父親の相続により取得した甲土地を所有している。Aさんは、現在、甲土地を青空駐車場として賃貸しているが、収益が少ないため、甲土地の売却を検討している。

　他方、知人の不動産会社の社長からは、「甲土地は地下鉄の駅から近く、利便性が高い。賃貸マンションを建築するなどの有効活用の方法を検討してみてはどうか」とアドバイスを受けた。

〈甲土地の概要〉

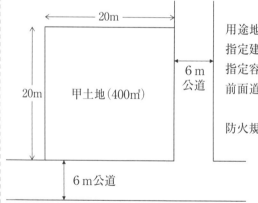

用途地域　　　：近隣商業地域
指定建蔽率　　：80%
指定容積率　　：400%
前面道路幅員による容積率の制限
　　　　　　　：前面道路幅員×6/10
防火規制　　　：防火地域

・甲土地は、建蔽率の緩和について特定行政庁が指定する角地である。
・指定建蔽率および指定容積率とは、それぞれ都市計画において定められた数値である。
・特定行政庁が都道府県都市計画審議会の議を経て指定する区域ではない。

※上記以外の条件は考慮せず、各問に従うこと。

01 甲土地に賃貸マンション（耐火建築物）を建築する場合の①建蔽率の上限となる建築面積と②容積率の上限となる延べ面積の組合せとして、次のうち最も適切なものはどれか。

1）① 360㎡ ② 1,296㎡
2）① 400㎡ ② 1,440㎡
3）① 400㎡ ② 1,600㎡

02 甲土地の売却に関する次の記述のうち、最も適切なものはどれか。

1）「Aさんが甲土地を譲渡した場合、譲渡所得の金額の計算上、取得費は、父親の相続に係る相続税の課税価格の計算の基礎に算入された金額（相続税評価額）となります」
2）「Aさんが甲土地を譲渡した場合、譲渡した日の属する年の1月1日において所有期間が5年を超えていますので、当該譲渡による譲渡所得については、長期譲渡所得に区分されます」
3）「Aさんが甲土地を譲渡した場合、譲渡所得金額が6,000万円以下の部分について、所得税および復興特別所得税10.21％、住民税4％の軽減税率が適用されます」

03 甲土地の有効活用に関する以下の文章の空欄①～③入る語句の組合せとして、次のうち最も適切なものはどれか。

i）「Aさんが甲土地に賃貸マンションを建築した場合、相続税の課税価格の計算上、甲土地は（ ① ）として評価されます。また、甲土地が貸付事業用宅地等に該当すれば、小規模宅地等についての相続税の課税価格の計算の特定の適用を受けることができます。貸付事業用宅地等は、200㎡までの部分について（ ② ）の減額が受けられます」
ii）「Aさんが甲土地に賃貸マンションを建築した場合、甲土地に係る固定資産税は、住宅1戸につき200㎡までの部分（小規模住宅用地）について課税標準となるべき価格を（ ③ ）の額とする特例の適用を受けることができます」

1）① 貸宅地 ② 50％ ③ 3分の1
2）① 貸家建付地 ② 50％ ③ 6分の1
3）① 貸家建付地 ② 80％ ③ 3分の1

解説

01 ・甲土地は、建蔽率が80％の地域内で、かつ防火地域内にあり、そこに耐火建築物を建築することになるので、建蔽率の制限はない。したがって、甲土地の面積400㎡の100％である、400㎡が建蔽率の上限となる。
・甲土地は、前面道路の幅員が12m未満なので、前面道路幅員による制限を受ける。

6ｍ×6/10＝360％＜400％

したがって、容積率は360％となり、容積率の上限となる延べ面積は、400㎡×360％＝1,440㎡　となる。

➡ テキストp.342,343　**解答**　2

02 1）譲渡所得は、土地や建物の売却代金から取得費と譲渡費用を差し引いて計算するが、相続により取得した土地・建物の取得費は、被相続人がその土地建物を購入したときの購入代金や購入手数料を引き継ぐ。

3）居住用財産に対する軽減税率の特例は、譲渡した年の1月1日時点における所有期間が10年を超えている居住用財産を売却して得た長期譲渡所得のうち、6,000万円以下の部分について14.21％（所得税10％、復興特別所得税0.21％、住民税4％）の軽減税率が適用される制度である。Aさんは甲土地を11年所有しているが、この特例は居住用財産を売却した場合を対象とした制度であり、「家屋を取り壊してから譲渡契約を締結した日まで、その敷地を貸駐車場などその他の用に供していないこと」も要件なので、「青空駐車場として賃貸している」甲土地の譲渡は適用対象とならない。

➡ テキストp.359,360　**解答**　2

03 ・土地所有者であるAさん自身の土地に、Aさんが賃貸マンションを建築し、賃貸に出すので、甲土地は「貸家建付地」として評価される。
・貸付事業用宅地等は、200㎡までの部分について50％の減額が受けられる。
・固定資産税には、住宅用地の課税標準の特例があり、小規模住宅用地（200㎡以下の部分）については、課税標準が6分の1に減額される。

➡ テキストp.357,434,436　**解答**　2

次の設例に基づいて、下記の各問（04～06）に答えなさい。

2020年9月／個人

《設例》

Aさん（61歳）は、3年前に父親の相続によりM市内にある甲土地を取得している。甲土地は父親の存命中から月極駐車場として賃貸しているが、その収益率は低い。

Aさんは、先日、友人でもある地元の不動産会社の社長から、「甲土地は最寄駅から近いため、大手ドラッグストアのX社が新規店舗の出店を考えている。X社は建設協力金方式を望んでいるが、契約形態は事業用定期借地権方式でもよいと言っている」との提案を受けた。Aさんは、甲土地の有効活用について、前向きに検討したいと思っている。

〈甲土地の概要〉

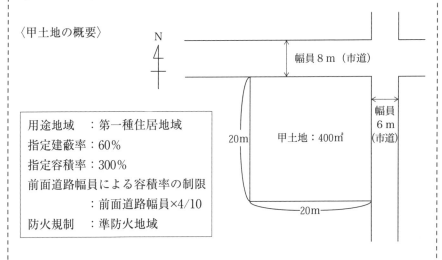

用途地域　　：第一種住居地域
指定建蔽率：60％
指定容積率：300％
前面道路幅員による容積率の制限
　　　　　　：前面道路幅員×4/10
防火規制　　：準防火地域

・甲土地は、建蔽率の緩和について特定行政庁が指定する角地である。
・指定建蔽率および指定容積率とは、それぞれ都市計画において定められた数値である。
・特定行政庁が都道府県都市計画審議会の議を経て指定する区域ではない。

※上記以外の条件は考慮せず、各問に従うこと。

205

04 甲土地に耐火建築物を建築する場合の①建蔽率の上限となる建築面積と②容積率の上限となる延べ面積の組合せとして、次のうち最も適切なものはどれか。

1）① 280㎡　　② 1,280㎡
2）① 280㎡　　② 1,200㎡
3）① 320㎡　　② 1,200㎡

重要度 **B**

05 建設協力金方式に関する次の記述のうち、最も不適切なものはどれか。

1）「建設協力金方式とは、AさんがX社から建設資金を借り受けて、X社の要望に沿った店舗を建設し、その建物をX社に賃貸する手法です。借主であるX社のノウハウを利用して計画を実行できる点はメリットですが、X社が撤退するリスクなどを考えておく必要があります」
2）「建設協力金方式により、Aさんが店舗をX社に賃貸した後にAさんの相続が開始した場合、相続税の課税価格の計算上、店舗は貸家として評価され、甲土地は貸家建付地として評価されます」
3）「建設協力金方式により建設した店舗の賃貸借契約は、契約の更新がありません。賃貸借契約では、借主であるX社が賃貸借契約満了後に店舗を撤去し、貸主であるAさんに甲土地を更地で返還することが保証されています」

重要度 **B**

06 事業用定期借地権方式に関する次の記述のうち、最も不適切なものはどれか。

1）「事業用定期借地権方式とは、X社が甲土地を契約で一定期間賃借し、X社が建物を建設する手法です。土地を手放さずに安定した地代収入を得ることができること、期間満了後は土地が更地となって返還される点などがメリットとして挙げられます」
2）「事業用定期借地権方式により、Aさんが甲土地をX社に賃貸した後にAさんの相続が開始した場合、相続税の課税価格の計算上、甲土地は自用地として評価されますので、相続税額の軽減効果はありません」
3）「事業用定期借地権等は、存続期間が10年以上30年未満の事業用借地権と30年以上50年未満の事業用定期借地権に区別されます。設定契約は、公正証書により作成しなければなりません」

解説

04 ・甲土地は準防火地域にあり指定建蔽率は60％、かつ、特定行政庁の指定
する角地にある建物（耐火建築物）となるので、**建蔽率の上限が20％緩
和**される。したがって、建蔽率の上限は60％＋20％＝80％となり、400
㎡×80％＝320㎡　である。

・**前面道路が2つ以上ある場合は、幅の広いほうが採用される**ので、甲土
地の前面道路は8mである。また、前面道路が12m未満のため、容積率
は制限を受け、指定容積率と、前面道路の幅員による容積率のうち、小
さいほうが容積率となる。

前面道路の幅員による容積率は、8m×4/10＝320％＞指定容積率300％
したがって、容積率の上限となる延べ面積は、
400㎡×300％＝1,200㎡　となる。

➡ テキストp.342,343　解答　3

05 1）適切。記述のとおり。

2）適切。建設協力金方式により店舗を建設した場合でも、その店舗を業
者への賃貸にしていれば、相続税の課税価格の計算上、店舗は貸家とし
て評価され、甲土地は貸家建付地として評価される。

3）不適切。建設協力金方式により建設した店舗の賃貸借契約は、契約の
更新がないとは限らない。定期借地権契約ではないので、X社には更地
返還の義務もない。

➡ テキストp.374　解答　3

06 2）事業用定期借地権方式により、土地所有者が業者にその土地を賃貸し
た後に土地所有者の相続が開始した場合には、相続税の課税価格の計算
上、甲土地は貸宅地として評価され、相続税額の軽減効果がある。

➡ テキストp.331,374,434　解答　2

下記の各問(07 ～ 08)について答えなさい。

07 建築基準法に従い、下記〈資料〉の土地に建築物を建築する場合、その土地に対する建築物の建築面積の最高限度として、正しいものはどれか。なお、記載のない条件については一切考慮しないこととする。

〈資料〉

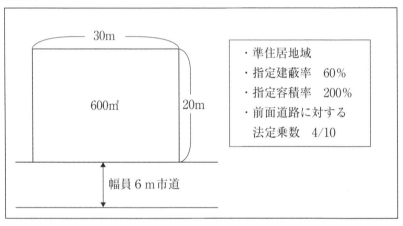

1．240㎡
2．360㎡
3．480㎡

2022年5月/資産

重要度 **A**

08 建築基準法に従い、下記〈資料〉の土地に建築物を建築する場合の延べ面積（床面積の合計）の最高限度として、正しいものはどれか。なお、記載のない条件については一切考慮しないこととする。

〈資料〉

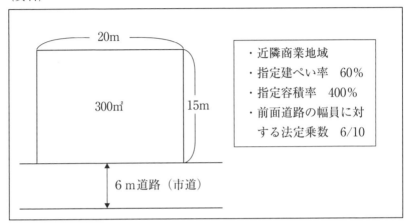

・近隣商業地域
・指定建ぺい率　60%
・指定容積率　400%
・前面道路の幅員に対する法定乗数　6/10

1）180㎡
2）1,080㎡
3）1,200㎡

2024年1月/資産

解説

07 〈資料〉より、この土地の面積は600㎡、指定建蔽率が60％なので、建築面積の最高限度は、600㎡×60％＝360㎡　である。

➡ テキストp.342 解答　2

08 延べ面積（容積率）は都市計画で定められた指定容積率と、前面道路の幅員による容積率の制限のうち、**小さいほう**の制限を受ける。
　前面道路の幅員による容積率の制限：6×6/10＝360％＜400％
　したがって、最大延べ面積は、300×6×6/10＝1,080（㎡）

➡ テキストp.344 解答　2

─ おさらいするニャ

建蔽率の計算式

建蔽率（％）＝ $\dfrac{建築物の建築面積}{敷地面積}$ ×100

容積率の計算式

容積率（％）＝ $\dfrac{建築物の延べ面積}{敷地面積}$ ×100

前面道路の幅員が12m未満の場合の容積率

次の①、②のうち、小さいほうを容積率とする

　①都市計画で定められた指定容積率

　②前面道路の幅員による容積率の制限

　　住居系用途地域……前面道路の幅員× $\dfrac{4}{10}$

　　その他の用途地域…前面道路の幅員× $\dfrac{6}{10}$

下記の各問(09 ～ 11)について答えなさい。

重要度 A

09 公的な土地評価に関する下表の空欄(ア) ～ (ウ)にあてはまる語句の組み合わせとして、最も適切なものはどれか。

価格の種類	公示価格	相続税路線価	固定資産税評価額
所管	（ ア ）	＊＊＊	（ イ ）
評価割合	―	公示価格の （ ウ ）程度	公示価格の 70%程度
実施目的	一般の土地取引の 指標等	相続税等の 財産評価の基礎	固定資産税等の 課税標準の基礎

※問題作成の都合上、表の一部を空欄（＊＊＊）としている。

1）（ア）総務省 　　　　　（イ）市町村（東京23区は東京都） 　　（ウ）70%
2）（ア）国土交通省 　　　（イ）市町村（東京23区は東京都） 　　（ウ）80%
3）（ア）国土交通省 　　　（イ）国税庁 　　　　　　　　　　　　　（ウ）90%

2022年1月／資産

10 米田さんは、下記〈資料〉の甲土地を購入し、自宅を建築することを考えている。甲土地の建築面積の最高限度を算出する基礎となる敷地面積として、正しいものはどれか。なお、この土地の存する区域は特定行政庁が指定する区域に該当しないものとし、その他記載のない条件については一切考慮しないこととする。

〈資料〉

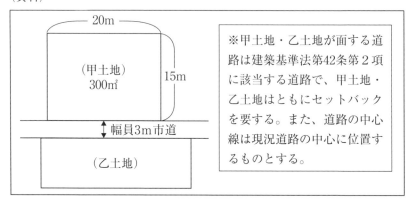

※甲土地・乙土地が面する道路は建築基準法第42条第2項に該当する道路で、甲土地・乙土地はともにセットバックを要する。また、道路の中心線は現況道路の中心に位置するものとする。

1）290㎡
2）280㎡
3）240㎡

2020年1月／資産

11 建築基準法の用途制限に従い、下表の空欄（ア）、（イ）にあてはまる建築可能な建築物の組み合わせとして、正しいものはどれか。なお、記載のない条件については一切考慮しないこととする。

用途地域	建築物の種類
第一種低層住居専用地域	（　ア　）、神社
工業地域	（　イ　）、自動車整備工場

1）（ア）中学校　　　　（イ）診療所
2）（ア）中学校　　　　（イ）病院
3）（ア）大学　　　　　（イ）病院

2019年5月／資産

09 ・公示価格は、国土交通省が一般の土地の取引の指標とするために発表する

・相続税路線価は、国税庁が相続税等の財産評価の基礎とするために発表する。公示価格の概ね80%程度。

・固定資産税評価額は、市町村(東京23区は東京都)が固定資産税等の課税標準の基礎とするために発表する。公示価格の概ね70%程度。

➡ テキストp.318 解答 2

10 甲土地・乙土地が面する道路は建築基準法第42条第2項に該当する道路(いわゆる2項道路)なので、道の中心から両側に2m後退した線が道路との境界線とみなされる(セットバック)。したがって、甲土地は市道から0.5m内側に入った線が道路との境界線とみなされるため、敷地面積は、20m×(15m−0.5m)=290㎡ となる。

➡ テキストp.339,340 解答 1

11 (ア) 第一種低層住居専用地域は、住環境を重視する地域であり、中学校は建築できるが、大学は建築できない。

(イ) 診療所はすべての用途地域で建築できるが、病院は、第一種・第二種低層住居専用地域や田園住居地域、工業地域・工業専用地域では建築できない。

➡ テキストp.341 解答 1

次の設例に基づいて、下記の各問(01〜03)に答えなさい。

2021年1月／個人・改

《設例》

　Aさん(70歳)は、妻Bさん(70歳)との2人暮らしである。Aさん夫妻には、子がいない。Aさんは、妻Bさんに全財産を相続させたいと考えており、遺言書の準備を検討している。

〈Aさんの親族関係図〉

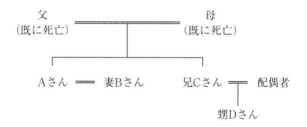

〈Aさんの主な所有財産(相続税評価額)〉

1．現預金	:	7,500万円
2．上場株式	:	2,000万円
3．自宅敷地(250㎡)	:	8,000万円(注)
自宅建物	:	1,000万円
4．賃貸アパート敷地(250㎡)	:	5,000万円(注)
賃貸アパート建物(築8年・6室)	:	2,500万円
合計	:	2億6,000万円

(注)「小規模宅地等についての相続税の課税価格の計算の特例」適用前の金額
※上記以外の条件は考慮せず、各問に従うこと。

01
遺言に関する次の記述のうち、最も不適切なものはどれか。

1)「遺言により、Aさんの全財産を妻Bさんに相続させた場合、兄Cさんおよび甥Dさんが遺留分侵害額請求権を行使する可能性があります」
2)「Aさんは、自身が作成した自筆証書遺言を法務局（遺言書保管所）に預けることができます」
3)「公正証書遺言は、証人2人以上の立会いのもと、遺言者が遺言の趣旨を公証人に口授し、公証人がこれを筆記して作成するものです」

02 仮に、Aさんの相続が現時点（2024年6月24日）で開始し、Aさんの相続に係る課税遺産総額（課税価格の合計額－遺産に係る基礎控除額）が1億5,000万円であった場合の相続税の総額は、次のうちどれか。

1)3,100万円
2)3,350万円
3)4,300万円

〈資料〉相続税の速算表（一部抜粋）

法定相続分に応ずる取得金額			税率	控除額
万円超		万円以下		
	～	1,000	10%	－
1,000	～	3,000	15%	50万円
3,000	～	5,000	20%	200万円
5,000	～	10,000	30%	700万円
10,000	～	20,000	40%	1,700万円

03 現時点（2024年6月24日）において、Aさんの相続が開始した場合に関する以下の文章の空欄①～③に入る語句の組合せとして、次のうち最も適切なものはどれか。

ⅰ）「妻Bさんが自宅の敷地を相続により取得し、当該敷地の全部について、小規模宅地等についての相続税の課税価格の計算の特例の適用を受けた場合、減額される金額は（　①　）となります。なお、自宅の敷地について優先して本特例の適用を受けた場合、貸付事業用宅地等として適用を受けることができる面積は所定の算式により調整しなければなりません」

ⅱ）「配偶者に対する相続税額の軽減の適用を受けた場合、妻Bさんが相続により取得した財産の金額が、配偶者の法定相続分相当額と1億6,000万円とのいずれか（　②　）金額までであれば、納付すべき相続税額は算出されません」

ⅲ）「相続税の申告書の提出期限は、原則として、相続の開始があったことを知った日の翌日から（　③　）以内です」

1）① 6,400万円　　② 多い　　③ 10カ月

2）① 1,600万円　　② 少ない　　③ 10カ月

3）① 6,400万円　　② 少ない　　③ 4カ月

解説

01 1）Aさんには子がいないので、Aさんの法定相続人は妻Bさんと兄Cさんである。「遺留分侵害額請求権」を行使できるのは**配偶者と子、子の代襲相続人と直系尊属**なので、兄Cさんも甥Dさんも「遺留分侵害額請求権」を行使することはできない。

➡ テキストp.407-410　解答　**1**

02 相続税の総額は、法定相続割合に応じて計算した各人の相続税額を合計して求める。法定相続人は、妻Bさんと兄Cさんである。
・各人の法定相続分を求める
　問題文から、Aさんの相続に係る課税遺産総額が1億5,000万円なので、
　妻Bさん：1億5,000万円×3/4＝1億1,250万円
　兄Cさん：1億5,000万円×1/4＝3,750万円
・各人の法定相続分に基づく相続税額を求める
　妻Bさん：1億1,250万円×40％－1,700万円＝2,800万円
　兄Cさん：3,750万円×20％－200万円＝550万円
・上記により、相続税の総額は、
　2,800万円＋550万円＝3,350万円　である。

➡ テキストp.395,421,422　解答　**2**

03 ⅰ）小規模宅地等についての相続税の課税価格の計算の特例により、被相続人が居住していた宅地等を配偶者が取得した場合には、**特定居住用宅地として330㎡**を限度に**80％の減額**が受けられる。したがって、自宅の敷地は250㎡なので、すべてが特例の対象となるため、減額される金額は8,000万円の80％である6,400万円である。
ⅱ）配偶者に対する相続税額の軽減の適用を受けると、配偶者は、配偶者の**法定相続分相当額と1億6,000万円**とのいずれか多い金額までが控除される。
ⅲ）相続税の申告書の提出期限は、原則として、相続の開始があったことを知った日の翌日から**10カ月**以内である。

➡ テキストp.423,424,435　解答　**1**

次の設例に基づいて、下記の各問（04 〜 06）に答えなさい。

2020年9月／個人・改

《設例》
　個人で不動産賃貸業を営むAさん（70歳）は、K市内の自宅で妻Bさん（68歳）との2人暮らしである。
　Aさんには、2人の子がいる。民間企業に勤務する長男Cさん（42歳）は、妻、孫Eさん（10歳）および孫Fさん（8歳）の4人で勤務先の社宅に住んでいる。長男Cさんは、住宅の購入を検討しており、Aさんに資金援助を求めている。長女Dさん（40歳）は、K市内の夫名義の持家に住んでいるが、住宅ローンの返済等で家計に余裕はなく、孫Gさん（15歳）および孫Hさん（12歳）の学費を援助してほしいと期待しているようである。Aさんは、現金の贈与を検討している。

〈Aさんの親族関係図〉

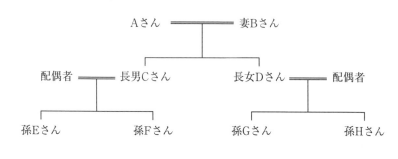

※上記以外の条件は考慮せず、各問に従うこと。

重要度 **B**

04 「直系尊属から住宅取得等資金の贈与を受けた場合の贈与税の非課税」(以下、「本特例」という)に関する次の記述のうち、最も不適切なものはどれか。

1)「Aさんからの資金援助について、長男Cさんが本特例の適用を受けた場合、2,500万円までの贈与について贈与税は課されませんが、その額を超える部分については、一律20%の税率により贈与税が課されます」

2)「長男Cさんの贈与を受けた年分の合計所得金額が1,000万円以下で、取得する住宅用家屋の床面積が40㎡以上であれば、本特例の適用を受けることができます。」

3)「本特例の適用を受けるためには、原則として、贈与を受けた年の翌年2月1日から3月15日までの間に、本特例の適用を受ける旨を記載した贈与税の申告書に所定の書類を添付して、納税地の所轄税務署長に提出する必要があります」

重要度 **B**

05 「直系尊属から教育資金の一括贈与を受けた場合の贈与税の非課税」(以下、「本制度」という)に関する次の記述のうち、最も適切なものはどれか。

1)「本制度の適用を受けた場合、受贈者1人につき1,500万円までは贈与税が非課税となります。ただし、学習塾などの学校等以外の者に対して直接支払われる金銭については500万円が限度となります」

2)「受贈者であるAさんのお孫さんが22歳到達年度の末日に達すると、教育資金管理契約は終了します。そのときに、非課税拠出額から教育資金支出額を控除した残額があるときは、当該残額は受贈者のその年分の贈与税の課税価格に算入されます」

3)「贈与者であるAさんが死亡した場合、教育資金管理契約は終了します。そのときに、非課税拠出額から教育資金支出額を控除した残額があるときは、当該残額は受贈者のその年分の贈与税の課税価格に算入されます」

06 仮に、長男Cさんが暦年課税（各種非課税制度の適用はない）により、2024年中にAさんから現金800万円の贈与を受けた場合の贈与税額は、次のうちどれか。

1）117万円
2）150万円
3）151万円

〈資料〉贈与税の速算表（一部抜粋）

基礎控除後の課税価格		特例贈与財産		一般贈与財産	
		税率	控除額	税率	控除額
万円超	万円以下				
～	200	10%	－	10%	－
200 ～	300	15%	10万円	15%	10万円
300 ～	400	15%	10万円	20%	25万円
400 ～	600	20%	30万円	30%	65万円
600 ～	1,000	30%	90万円	40%	125万円

04 1）本特例の適用を受けた場合、下表のような非課税限度額までの贈与には、贈与税が課税されない。

「2,500万円までの贈与について贈与税は課されず（2024年からは、基礎控除として毎年110万円までは加算不要）、その額を超える部分については一律20％の税率により贈与税が課される」のは、相続時精算課税の適用を受けた場合である。

〈直系尊属から住宅取得等資金の贈与を受けた場合の贈与税の非課税限度額〉

住宅用の家屋の新築等に係る契約の締結日 ＼ 住宅用の家屋の種類	省エネ等住宅	左記以外の住宅
2024年1月1日から2026年12月31日まで	1,000万円	500万円

➡ テキストp.386,387　解答　1

05 2）受贈者が30歳到達年度の末日に達すると、教育資金管理契約は終了する。そのときに、非課税拠出額から教育資金支出額を控除した残額があるときは、当該残額は受贈者のその年分の贈与税の課税価格に算入される。

3）契約期間中に贈与者が死亡した場合、非課税拠出額から教育資金支出額を控除した残額は相続税の課税対象となる。ただし、受贈者が23歳未満や在学中の場合などは、課税対象とはならない（2023年4月1日以降にこの制度を利用した場合は贈与者の死亡に係る相続税の課税価格の合計額が5億円を超える場合は除く）。

➡ テキストp.388　解答　1

06 暦年課税で現金800万円を、父（直系尊属）から贈与されるので、特例贈与財産に対する税率を適用する。

800万円 − 110万円 = 690万円

690万円 × 30% − 90万円 = 117万円

➡ テキストp.382,383　解答　1

次の設例に基づいて、下記の各問(07〜09)に答えなさい。

2022年5月/保険・改

Aさん(73歳)は、X市内の自宅で妻Bさん(72歳)との2人暮らしである。

Aさんには、2人の子がいる。X市内の企業に勤務する二男Dさん(43歳)は、妻および孫Eさん(9歳)の3人で賃貸マンションに住んでいる。一方、長男Cさん(45歳)は、県外で働いており、X市に戻る予定はない。

Aさんは、普段から身の回りの世話をしてくれる二男Dさんに対して、生活資金や孫の学費等について面倒を見てやりたいと思っており、現金の贈与を検討している。

また、長男Cさんと二男Dさんの関係は悪くないものの、Aさんは、自身の相続が起こった際に遺産分割で争いが生じるのではないかと心配している。

〈Aさんの親族関係図〉

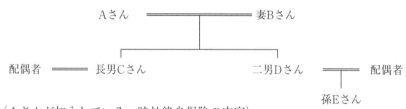

〈Aさんが加入している一時払終身保険の内容〉
契約者(=保険料負担者)・被保険者：Aさん
死亡保険金受取人：妻Bさん
死亡保険金額：2,000万円
※上記以外の条件は考慮せず、各問に従うこと。

07 Aさんの相続等に関する次の記述のうち、最も不適切なものはどれか。

1)「自筆証書遺言は、その遺言の全文および財産目録をパソコンで作成し、日付および氏名を自書して押印することで作成することができます」

2)「公正証書遺言は、証人2人以上の立会いのもと、遺言者が遺言の趣旨を公証人に口授し、公証人がこれを筆記して作成します」

3）「妻Bさんが受け取る一時払終身保険の死亡保険金は、みなし相続財
産として相続税の課税対象となりますが、死亡保険金の非課税金額
の規定の適用を受けることで、相続税の課税価格に算入される金額は、
500万円となります」

重要度 A

08 生前贈与に関する次の記述のうち、最も不適切なものはどれか。

1）「Aさんが二男Dさんに現金を贈与し、二男Dさんが暦年課税を選択し
た場合、その年にAさんから二男Dさんへ贈与した財産の価額が贈与
税の基礎控除額を超えるときは、受贈者である二男Dさんが贈与税の
申告書を提出しなければなりません」
2）「Aさんが二男Dさんに現金を贈与し、二男Dさんが相続時精算課税制
度を選択した場合、累計で2,500万円までの贈与について贈与税は課さ
れません」
3）「『直系尊属から教育資金の一括贈与を受けた場合の贈与税の非課税』の
適用を受けた場合、受贈者1人につき2,000万円までは贈与税が非課税
となります」

重要度 B

09 仮に、二男Dさんが暦年課税（各種非課税制度の適用はない）により、
2024年中にAさんから現金600万円の贈与を受けた場合の贈与税額は、次
のうちどれか。

1）68万円
2）90万円
3）114万円

〈資料〉贈与税の速算表（一部抜粋）

基礎控除後の 課税価格		特例贈与財産	
		税率	控除額
万円超	万円以下		
～	200	10%	―
200 ～	400	15%	10万円
400 ～	600	20%	30万円

07 1）不適切。自筆証書遺言は、その遺言の全文および日付、氏名を自書して押印することで作成する。ただし、財産目録については、パソコン等で作成することも認められている。

2）適切。公正証書遺言は、証人2人以上の立会いのもと、遺言者が遺言の趣旨を公証人に口授し、公証人がこれを筆記して作成する。

3）適切。死亡保険金は、みなし相続財産として相続税の課税対象となるが、受取人が相続人である場合、死亡保険金の非課税金額の規定の適用を受けられる。法定相続人は3人（妻Bさん、長男Cさん、二男Dさん）で、非課税金額は、「500万円 × 法定相続人の数」で求められるので、非課税金額は、500万円×3＝1,500万円。妻Bさんが受け取る一時払終身保険の死亡保険金は2,000万円なので、2,000万円－1,500万円＝500万円が、相続税の課税価格に算入される金額となる。

➡ テキストp.407,408,413,420　解答　1

08 1）適切。その年に贈与を受けた財産の価額が贈与税の基礎控除額（110万円）を超えるときは、受贈者は贈与税の申告書を提出しなければならない。

2）適切。相続時精算課税制度は60歳以上の父母または祖父母などから、18歳以上の子または孫などに対し、財産を贈与した場合において選択できる贈与税の制度である。この制度を選択した場合、累計で2,500万円までの贈与について贈与税は課されない（基礎控除として毎年110万円までは加算不要）。

3）不適切。『直系尊属から教育資金の一括贈与を受けた場合の贈与税の非課税』の適用を受けた場合、受贈者1人につき1,500万円までは贈与税が非課税となる。

➡ テキストp.384,388,438　解答　3

09 贈与金額600万円－基礎控除額110万円＝490万円（課税対象額）
贈与税額：490万円×20％－30万円＝68万円

➡ テキストp.382,383　解答　1

次の設例に基づいて、下記の各問（10〜12）に答えなさい。

2020年1月／保険・改

《設例》

　Aさんは、2024年1月5日に病気により死亡した。なお、二男Eさんは、Aさんの相続開始前に死亡している。

〈Aさんの親族関係図〉

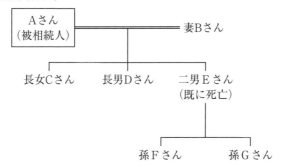

〈Aさんの相続財産（みなし相続財産を含む）〉

現金および預貯金　……　8,500万円

自宅（敷地300㎡）　……　6,000万円（「小規模宅地等についての相続税の課税価格の計算の特例」適用前の相続税評価額）

自宅（建物）　…………　2,000万円（固定資産税評価額）

死亡保険金　…………　4,000万円（契約者（＝保険料負担者）・被保険者はAさん、死亡保険金受取人は長女Cさん）

※上記以外の条件は考慮せず、各問に従うこと。

10 Aさんの相続に関する以下の文章の空欄①~③に入る語句または数値の組合せとして、次のうち最も適切なものはどれか。

> ⅰ）「孫Fさんおよび孫Gさんの法定相続分はそれぞれ（　①　）となります」
> ⅱ）「Aさんの相続における遺産に係る基礎控除額は（　②　）万円となり、課税価格の合計額が遺産に係る基礎控除額を上回るため、相続税の申告が必要です」
> ⅲ）「相続税の申告書は、原則として、その相続の開始があったことを知った日の翌日から（　③　）ヵ月以内にAさんの死亡の時における住所地の所轄税務署長に提出しなければなりません」

1）① 8分の1 　② 5,400 　③ 10
2）① 12分の1 　② 5,400 　③ 4
3）① 12分の1 　② 6,000 　③ 10

11 Aさんの相続に関する次の記述のうち、最も不適切なものはどれか。

1）「長女Cさんが受け取った死亡保険金は、みなし相続財産として相続税の課税対象となりますが、死亡保険金の非課税金額の規定の適用を受けることで、相続税の課税価格に算入される金額は1,500万円となります」
2）「妻Bさんが『配偶者に対する相続税額の軽減』の適用を受けた場合、原則として、妻Bさんの相続税の課税価格が、相続税の課税価格の合計額に対する配偶者の法定相続分相当額と1億6,000万円とのいずれか多い金額までであれば、納付すべき相続税額は算出されません」
3）「妻Bさんが自宅の敷地を相続により取得し、『小規模宅地等についての相続税の課税価格の計算の特例』の適用を受けた場合、自宅の敷地について課税価格に算入すべき価額は4,800万円となります」

12 Aさんの相続に係る課税遺産総額（課税価格の合計額−遺産に係る基礎控除額）が7,200万円であった場合の相続税の総額は、次のうちどれか。

1） 　900万円
2） 　910万円
3）1,460万円

〈資料〉相続税の速算表（一部抜粋）

法定相続分に応ずる取得金額		税率	控除額
万円超	万円以下		
〜	1,000	10%	−
1,000 〜	3,000	15%	50万円
3,000 〜	5,000	20%	200万円
5,000 〜	10,000	30%	700万円

10 ⅰ) 法定相続人は、配偶者と子であり、二男Eさんはすでに死亡しているので、孫Fさん、孫Gさんが代襲相続人となる。したがって、法定相続分は

妻Bさん：2分の1
長女Cさん、長男Dさん：それぞれ6分の1
孫Fさん、孫Gさん：それぞれ12分の1

となる。

ⅱ) 基礎控除額は、「3,000万円＋600万円×法定相続人の数」で計算される。法定相続人は、妻Bさん、長女Cさん、長男Dさん、孫Fさん、孫Gさんの5人なので、

3,000万円＋600万円×5＝6,000万円　である。

ⅲ) 相続税の申告書は、原則として、その相続の開始があったことを知った日の翌日から10ヵ月以内に、被相続人の死亡時における住所地の所轄税務署長に提出しなければならない。

➡ テキストp.393,396,420,424　解答 **3**

11 1) 適切。法定相続人が受け取った死亡保険金は、みなし相続財産として相続税の課税対象となるが、死亡保険金の非課税金額の規定の適用が受けられる。非課税金額は、「500万円×法定相続人の数」で計算され、法定相続人は5人（妻Bさん、長女Cさん、長男Dさん、孫Fさん、孫Gさん）なので、2,500万円である。したがって、相続税の課税価格に算入される金額は、

4,000万円－2,500万円＝1,500万円　となる。

3) 不適切。配偶者が自宅の敷地を相続により取得し、『小規模宅地等についての相続税の課税価格の計算の特例』の適用を受けた場合、当該宅地は「特定居住用宅地」として、330㎡までの部分について80％の評価減となる。相続する自宅の敷地は300㎡で、全てが80％の評価減の対象となるので、自宅の敷地の課税価格に算入すべき価額は6,000万円×（100％－80％）＝1,200万円となる。

➡ テキストp.412,413,435,436　解答 **3**

12 ・各人の法定相続分を求める

妻Bさん：7,200万円×1/2＝3,600万円

長女Cさん：7,200万円×1/2×1/3＝1,200万円

長男Dさん：7,200万円×1/2×1/3＝1,200万円

孫Fさん：　7,200万円×1/2×1/3×1/2＝600万円

孫Gさん：　7,200万円×1/2×1/3×1/2＝600万円

・各人の法定相続分に基づく相続税額を求める

妻Bさん：3,600万円×20％－200万円＝520万円

長女Cさん：1,200万円×15％－50万円＝130万円

長男Dさん：1,200万円×15％－50万円＝130万円

孫Fさん　：600万円×10％＝60万円

孫Gさん　：600万円×10％＝60万円

・上記により、相続税の総額は、

520万円＋（130万円×2）＋（60万円×2）＝900万円　である。

➡ テキストp.395-398,420,421　解答　1

重要度 A

13 2024年9月2日に相続が開始された谷口啓二さん(被相続人)の〈親族関係図〉が下記のとおりである場合、民法上の相続人および法定相続分の組み合わせとして、正しいものはどれか。なお、記載のない事項については一切考慮しないこととする。

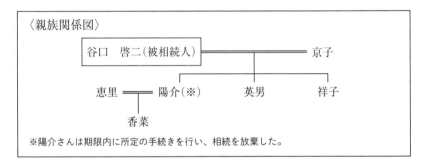

〈親族関係図〉

谷口　啓二(被相続人)　——　京子

恵里 ＝＝ 陽介(※)　　英男　　祥子

香菜

※陽介さんは期限内に所定の手続きを行い、相続を放棄した。

1) 京子　1/2　　英男　1/4　　祥子　1/4
2) 京子　1/3　　英男　1/3　　祥子　1/3
3) 京子　1/2　　英男　1/6　　祥子　1/6　　香菜　1/6

2019年9月／資産・改

14 相続開始後の各種手続きにおける下記〈資料〉の空欄（ア）、（イ）にあてはまる語句の組み合わせとして、正しいものはどれか。なお、記載のない事項については一切考慮しないこととする。

〈資料〉

手続きの種類	手続きの期限
相続の放棄または限定承認	相続の開始を知った時から（　ア　）以内に家庭裁判所に申述書を提出
相続税の申告と納付	相続の開始を知った日の翌日から（　イ　）以内に被相続人の死亡時の住所地の所轄税務署長に提出

1)（ア）　1ヵ月　（イ）　6ヵ月
2)（ア）　3ヵ月　（イ）　6ヵ月
3)（ア）　3ヵ月　（イ）　10ヵ月

2021年1月／資産

15 2024年1月5日に相続が開始された皆川健太郎さん（被相続人）の＜親族関係図＞が下記のとおりである場合、民法上の相続人および法定相続分の組み合わせとして、正しいものはどれか。なお、記載のない条件については一切考慮しないこととする。

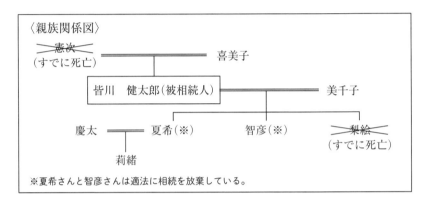

〈親族関係図〉

※夏希さんと智彦さんは適法に相続を放棄している。

1. 美千子　2/3　　喜美子　1/3
2. 美千子　1/2　　喜美子　1/2
3. 美千子　1/2　　　莉緒　1/2

2023年1月／資産

16 下記＜資料＞の宅地の借地権（普通借地権）について、路線価方式による相続税評価額として、正しいものはどれか。なお、奥行価格補正率は1.0とし、記載のない条件については一切考慮しないこととする。

〈資料〉

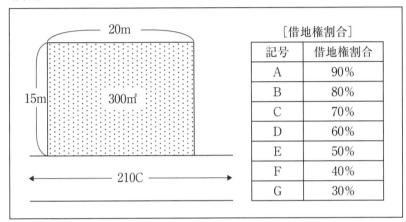

記号	借地権割合
A	90%
B	80%
C	70%
D	60%
E	50%
F	40%
G	30%

［借地権割合］

1）18,900千円
2）44,100千円
3）63,000千円

2021年5月／資産

13 配偶者と子が相続人になる場合の法定相続分は、配偶者1/2、子1/2である。したがって、配偶者である京子さんの法定相続分は1/2。

子は、1/2を等分に分け合うことになるが、陽介さんは相続を放棄しているので、英男さん、祥子さんで分けることになり、それぞれの法定相続分は、1/2×1/2＝1/4となる。

➡ テキストp.395,396,402　**解答**　1

14 （ア）相続の放棄または限定承認は、相続の開始を知った時から3ヵ月以内に家庭裁判所に申述書を提出しなければいけない。相続放棄は、相続人が単独で選択することができるが、限定承認は相続人全員で選択しなければならない。

（イ）相続税の申告と納付は、相続の開始を知った日の翌日から10ヵ月以内に被相続人の死亡時の住所地の所轄税務署長に申告書を提出し、税金を納付しなければならない。

➡ テキストp.402,424　**解答**　3

15 皆川健太郎さんの子のうち、梨絵さんはすでに死亡しており、夏希さんと智彦さんは相続を放棄している。また、相続放棄した場合には、その子は代襲相続人にはならない。したがって、相続人は、配偶者の美千子さんと母の喜美子さんである。

配偶者と親が相続人になる場合の法定相続分は配偶者2/3、親1/3である。したがって、美千子さんの相続分は2/3，喜美子さんの相続分は1/3となる。

➡ テキストp.396,397　**解答**　1

16 路線価として記載されている数値は、1㎡当たりの価額が千円単位で表示されており、各路線価の右隣に表示されているアルファベットは、借地権割合を指す。

宅地が1つの道路にのみ面している場合の路線価方式による自用地の相続税評価額は「路線価×奥行価格補正率×地積」で計算し、借地の場合は自用地価格に借地権割合を掛けて計算する。

したがって、設問の土地は1つの道路に面しており、路線価は210千円／㎡、借地権割合は70％であることから、借地権の場合の相続税評価額は、210千円／㎡×1.0×300㎡×70％＝44,100千円　となる。

➡ テキストp.434　解答　2

下記の各問(17 〜 19)について答えなさい。

重要度 B

17 FPで税理士でもある長谷川さんは、山田周平さん(67歳)から相続時精算課税制度に関する相談を受けた。周平さんからの相談内容に関する記録は、下記〈資料〉のとおりである。この相談に対する長谷川さんの回答の空欄(ア)〜(ウ)にあてはまる数値の組み合わせとして、正しいものはどれか。

〈資料〉

［相談記録］
相談日：2024年9月2日
相談者：山田周平　様(67歳)
相談内容：相続時精算課税制度を活用して、周平様のご子息である雄太様(30歳)に事業用資金として現金3,000万円を贈与したいと考えている。この贈与について相続時精算課税制度を適用した場合の贈与税の計算における控除額や税率について知りたい。なお、雄太様は、周平様からの贈与について相続時精算課税制度の適用を受けたことはない。

［長谷川さんの回答］
「ご相談のあった贈与について相続時精算課税制度の適用を受ける場合、原則として、贈与をした年の1月1日において、贈与者である親や祖父母が（　ア　）歳以上、受贈者である子や孫が18歳以上であることが必要とされます。周平様と雄太様はこれらの要件を満たしていますので、所定の手続きをし、基礎控除の110万円の他、特別控除として最大（　イ　）万円の控除を受けることができます。今回贈与を考えている現金の金額は3,000万円であり、（　イ　）万円を超えています。この超えた分については、（　ウ　）%の税率を乗じて計算した贈与税が課されます。」

1）（ア）65　　　（イ）2,000　　　（ウ）20
2）（ア）60　　　（イ）2,500　　　（ウ）20
3）（ア）65　　　（イ）2,500　　　（ウ）10

2020年9月／資産・改

18 神田綾子さんは、夫から居住用不動産の贈与を受けた。綾子さんは、この居住用不動産の贈与について、贈与税の配偶者控除の適用を受けることを検討しており、FPで税理士でもある米田さんに相談をした。この相談に対する米田さんの回答の空欄（ア）、（イ）にあてはまる語句または数値の組み合わせとして、最も適切なものはどれか。

［米田さんの回答］
「配偶者から居住用不動産の贈与を受けた場合、その（　ア　）において、配偶者との婚姻期間が20年以上あること等の所定の要件を満たせば、贈与税の配偶者控除の適用を受けることができます。なお、贈与税の配偶者控除の額は、最高（　イ　）万円です。」

1．（ア）贈与があった年の1月1日　　（イ）1,000
2．（ア）贈与があった年の1月1日　　（イ）2,000
3．（ア）贈与があった日　　　　　　（イ）2,000

2024年1月／資産

19 中井さんは、FPの浅田さんに公正証書遺言について質問をした。この質問に対する浅田さんの回答の空欄（ア）、（イ）にあてはまる語句の組み合わせとして、正しいものはどれか。

〈浅田さんの回答〉
「公正証書遺言は、遺言者が遺言内容を口授し、公証人が筆記したうえで、遺言者・証人に読み聞かせ、または閲覧させて作成する遺言書です。公正証書遺言の作成に当たっては、（　ア　）以上の証人の立会いが必要となります。また、相続開始後における家庭裁判所の検認が（　イ　）です。」

1）（ア）1人　　（イ）必要
2）（ア）2人　　（イ）必要
3）（ア）2人　　（イ）不要

2018年9月／資産

解説

17 （ア）相続時精算課税制度の適用には、贈与をした年の1月1日において、贈与者である親や祖父母が**60歳以上**という条件がある。
（イ）相続時精算課税制度の特別控除額は**2,500万円**である。
（ウ）相続時精算課税制度の特別控除額を超えた金額（基礎控除として毎年110万円までは加算不要）については、一律**20%**の税率を乗じた贈与税が課される。

➡ テキストp.385　解答　2

18 「贈与税の配偶者控除」は、贈与があった日において、贈与者である配偶者との婚姻期間が**20年**以上である配偶者に対して、居住用不動産または居住用不動産を取得するための金銭の贈与を行った場合、**基礎控除とは別**に最大2,000万円の控除が受けられる制度である。控除を受けるためには、一定の事項を記載した贈与税の**申告書の提出が必要**である。

➡ テキストp.384　解答　3

19 公正証書遺言は、公証役場で遺言者が遺言内容を口授し、公証人が筆記して作成される。公正証書遺言の作成にあたっては、**2人以上の証人**の立会いが必要とされ、原本は公証役場に保管される。また、相続開始後における**家庭裁判所の検認は不要**である。

➡ テキストp.407,408　解答　3

予想模試

「予想模試」は、本番の試験と同じ問題数で構成されています。本試験をイメージし、時間配分を意識しながら取り組んでみましょう。間違えた問題は解説を読んでよく復習し、再度解いてみてください。解答用紙は巻末に掲載しています。解答・解説集は別冊になっていますので、採点と弱点の補強のためにご活用ください。

予想模試

学科試験

$$\boxed{90 \ 分}$$

試験問題については、特に指示のない限り、2024年4月現在施行の法令等に基づいて、解答してください（復興特別法人税・復興特別所得税・個人住民税の均等割加算も考慮するものとします）。なお、東日本大震災の被災者等に対する各種特例等については考慮しないものとします。

【第1問】　次の各文章（(1)〜(30)）を読んで、正しいものまたは適切なものには①を、誤っているものまたは不適切なものには②を、解答用紙にマークしなさい。

（1）　弁護士資格を有しないファイナンシャル・プランナーが顧客から相続についての相談を受け、遺産分割や相続人に関する一般的な説明を行う行為は、無償であっても弁護士法に抵触する。

（2）　雇用保険の一般被保険者が、25年勤めた勤務先を中途退職し、退職後に基本手当を受給する場合の所定給付日数は、その者が就職困難者に該当する場合を除き、120日である。

（3）　健康保険の被保険者が、同一月に同一の医療機関で支払った一部負担金の額が所定の限度額を超えた場合、その超えた部分の額は、所定の手続により高額療養費として支給される。

（4）　国民年金の第1号被保険者で本人および配偶者の所得が一定以下の50歳未満の人が申請して承認された場合、保険料の納付が猶予されるが、その期間にかかる保険料の追納がない場合、老齢基礎年金の受給資格期間には算入されるが、老齢基礎年金の額には反映されない。

（5）　民間の金融機関が取り扱う変動金利型の住宅ローンでは、一般に、借入金利は1年ごとに、返済額は5年ごとに見直される。

（6）　生命保険の剰余金の三利源のうち、実際の事業費が予定事業費率によって見込まれた事業費を下回った場合に生じる利益を費差益という。

（7）　払済保険とは、保険料の払込みを中止して、その時点での解約返戻金をもとに、保険期間を変えないで、元の契約と同じ種類の一時払いの保険（または養老保険）に切り換えることである。

（8）　逓増定期保険では、保険期間の経過に伴い保険金額が所定の割合で増加し、保険料もそれに伴って増加していく。

（9）　少額短期保険業者と契約した少額短期保険の保険料は、所得税の生命保険

料控除の対象となる。

（10）　普通傷害保険は、急激かつ偶然な外来の事故による傷害が補償される保険であり、海外旅行中に発生した同様の事故による傷害も補償の対象となる。

（11）　物価が継続的な下落傾向（デフレーション）にある場合、実質金利のほうが名目金利よりも高くなる。

（12）　証券取引所を通じて行う上場投資信託（ETF）の取引では、成行注文や指値注文、信用取引も行うことができる。

（13）　外貨建て金融商品の取引にかかる為替手数料は、外国通貨の種類ごとに決められ、取扱金融機関による差異はない。

（14）　短期利付債と長期利付債を比較した場合、他の条件が同じであれば、一般に、短期利付債のほうが金利変動に伴う債券価格の変動が大きい。

（15）　金融サービスの提供及び利用環境の整備等に関する法律では、金融商品販売業者等の断定的判断の提供等の禁止に関する規定は、一定の投資経験を有する顧客に対する金融商品の販売等にも適用される。

（16）　法律上の納税義務者と実際に税を負担する者が異なる税を間接税といい、間接税の例の１つとして消費税が挙げられる。

（17）　所得税において、賃貸マンションの貸付けが事業的規模で行われていた場合には、この貸付けによる所得は事業所得となる。

（18）　配偶者控除の対象となる控除対象配偶者とは、納税者と生計を一にする配偶者（青色事業専従者として給与の支払いを受ける者および事業専従者に該当する者を除く）で、かつ、その合計所得金額が103万円以下である者をいう。

（19）　所得税において、配当控除は税額控除に該当する。

（20）　住宅借入金等特別控除の対象となる新築住宅は、床面積が60㎡以上で、かつ、その３分の２以上に相当する部分がもっぱら自己の居住の用に供される

ものとされている。

(21)　国土交通省の土地鑑定委員会が公示する公示価格は、毎年1月1日を価格判定の基準日としている。

(22)　宅地建物取引業者は、自らが売主となる宅地または宅地の売買契約の締結に際して、取引の相手方が宅地建物取引業者でない場合、代金の額の1割を超える額の手付金を受領することはできない。

(23)　借地借家法の規定では、定期建物賃貸借契約(定期借家契約)において、貸主は、正当の事由があると認められる場合でなければ、借主からの更新の請求を拒むことはできないとされている。

(24)　建物の区分所有に関する法律(区分所有法)の規定によれば、集会において、区分所有者および議決権の5分の4以上の多数により、区分所有建物の建替え決議をすることができる。

(25)　不動産取得税は、個人が贈与により不動産を取得したときにも課税される。

(26)　子が父の所有する土地を無償で借り受け、その土地の上に建物を建築した場合には、父から子への借地権の贈与があったものとして贈与税の課税対象になる。

(27)　養子縁組(特別養子縁組ではない)によって養子となった者は、養親の嫡出子として扱われるが、養子縁組が成立しても、実方の父母との法律上の親族関係も継続する。

(28)　相続人のうちに相続の放棄をした者がいる場合には、相続税の「遺産に係る基礎控除額」を計算する際の法定相続人の数には数えない。

(29)　贈与者の死亡によって効力を生ずる死因贈与によって取得した財産は、相続税の課税対象となる。

(30)　協議分割による遺産の分割は、共同相続人全員の協議により分割する方法であり、遺言と異なる分割方法に相続人全員が合意した場合には、遺言より

も優先される。

【第2問】 次の各文章（(31)～(60)）の（　　　）内にあてはまる最も適切な文章、語句、数字またはそれらの組合せを1）～3）のなかから選び、その番号を解答用紙にマークしなさい。

(31) 利率（年率）2％で複利運用しながら毎年一定額を積み立て、15年後に900万円を準備する場合、毎年の積立金額は、下記〈資料〉の係数を使用して算出すると（　　　）となる。

〈資料〉利率（年率）　2％・期間15年の各種係数

現価係数	減債基金係数	資本回収係数
0.7430	0.05783	0.07783

1）　520,470円
2）　700,470円
3）　6,687,000円

(32) 公的介護保険の被保険者のうち、（　　　）の公的医療保険加入者は第2号被保険者に区分される。
1）　40歳以上60歳未満
2）　40歳以上65歳未満
3）　45歳以上65歳未満

(33) 遺族厚生年金の額（中高齢寡婦加算額および経過的寡婦加算額を除く）は、原則として、死亡した者の厚生年金保険の被保険者記録を基礎として計算した老齢厚生年金の報酬比例部分の額の（　　　）である。
1）　2分の1相当額
2）　3分の2相当額
3）　4分の3相当額

(34) 確定拠出年金の企業型年金において、マッチング拠出により加入者が拠出した掛金は、その（　　　）が小規模企業共済等掛金控除として所得控除の対象となる。
1）　3分の2相当額

2) 4分の3相当額

3) 全額

(35) 健康保険の被保険者(任意継続被保険者を除く)が業務外の事由による負傷または疾病のため仕事を(①)以上休み、休業した期間について報酬を受けられなかった場合、傷病手当金が(①)目以降の労務に服することができない日から通算して(②)を限度として支給される。

1) ①4日　②1年

2) ①4日　②1年6ヵ月

3) ①7日　②1年6ヵ月

(36) 生命保険契約に基づき、契約者が保険会社に払い込む保険料は、純保険料と(　　　)で構成されている。

1) 死亡保険料

2) 生存保険料

3) 付加保険料

(37) 国内で事業を行う生命保険会社が破綻した場合、生命保険契約者保護機構による補償の対象となる保険契約については、高予定利率契約を除き、(①)の(②)まで補償される。

1) ①　責任準備金等　　　②　90%

2) ①　死亡保険金額　　　②　80%

3) ①　既払込保険料相当額　②　80%

(38) 養老保険の福利厚生プランでは、契約者(=保険料負担者)および満期保険金受取人を法人、被保険者を(①)、死亡保険金受取人を被保険者の遺族とすることにより、支払保険料の(②)を福利厚生費として損金に算入することができる。

1) ①　従業員全員　　　②　全額

2) ①　役員全員　　　　②　2分の1相当額

3) ①　役員および従業員全員　②　2分の1相当額

(39) 自動車損害賠償責任保険(自賠責保険)では、(　　　)を補償の対象としている。

1) 対人賠償事故のみ

2）　対物賠償事故のみ

3）　対人賠償事故および対物賠償事故

(40)　個人賠償責任保険では、（　　　　）は補償の対象となる。

1）　デパートで商品を破損させたことに対する賠償事故

2）　自動車の運転に起因する賠償事故

3）　アルバイト中に商品を落としてしまい破損させたことに対する賠償事故

(41)　投資信託に係る運用管理費用（信託報酬）は、信託財産から差し引かれる費用であり、（　　）が間接的に負担する。

1）　投資信託委託会社

2）　販売会社

3）　受益者（投資家）

(42)　表面利率1.2%、残存期間４年の固定利付債券を額面100円あたり101円で購入した場合の単利最終利回りは（　　）である。なお、答は表示単位の小数点以下第３位を四捨五入している。

1）　0.20%

2）　0.94%

3）　1.44%

(43)　ある企業の株価が800円、１株当たり純利益が400円、１株当たり純資産が600円である場合、株価収益率（PER）は（　　）である。

1）　0.5倍

2）　1.6倍

3）　２倍

(44)　一般に、先物取引などを利用して、基準となる指数の収益率の２倍、３倍、４倍などの投資成果を得ることを目指して運用され、（　①　）相場で利益が得られるように設計された商品を（　②　）ファンドという。

1）　①　上昇　　②　ベア型

2）　①　下降　　②　ベア型

3）　①　下降　　③　ブル型

(45) 金融サービスの提供及び利用環境の整備等に関する法律では、金融商品販売業者等が金融商品の販売等に際し、顧客に対して重要事項の説明をしなければならない場合に重要事項の説明をしなかったこと、または（　①　）を行ったことにより、当該顧客に損害が生じた場合の金融商品販売業者等の（　②　）について定められている。
1） ①　断定的判断の提供等　②　損害賠償責任
2） ①　断定的判断の提供等　②　損失補てん
3） ①　業者の不当な行為　　②　契約取消義務

(46) 所得税において、減価償却資産の範囲に含まれない固定資産としては、（　　　　）が挙げられる。
1） 工具
2） 機械及び装置
3） 土地

(47) 契約者（＝保険料負担者）・被保険者・満期保険金受取人がいずれもAさんである一時払い養老保険（保険期間10年、正味払込保険料総額500万円）が満期となり、満期保険金570万円を一時金で受け取った場合、一時所得の金額は（　①　）となり、その（　②　）が総所得金額に算入される。
1） ①　10万円　　②　全額
2） ②　20万円　　②　2分の1相当額
3） ③　70万円　　②　2分の1相当額

(48) 給与所得者が33年間勤務した会社を定年退職し、退職金2,000万円の支払を受けた。この場合、所得税の退職所得の金額を計算する際の退職所得控除額は、（　　　　）となる。なお、障害者になったことにより退職したものではない。
1） 70万円×（33年−20年）＋800万円＝1,710万円
2） 40万円×（33年−20年）＋800万円＝1,320万円
3） 40万円×（33年−20年）＋700万円＝1,220万円

(49) 納税者Aさんが受診した人間ドックの結果から重大な疾病が発見され、引き続きその疾病の治療のために入院した場合、Aさんが支払った費用のうち、（　　　　）は、所得税の医療費控除の対象とならない。
1） 受診した人間ドックの費用
2） 通院のための交通費

3） 自己都合による入院時の個室費用

(50) 事業所得または（ ① ）を生ずべき事業を営む青色申告者が、正規の簿記の原則に従い取引を記録した帳簿を備え、貸借対照表、損益計算書を添付した確定申告書をその提出期限までに提出するなどの要件を満たす場合、最高（ ② ）の青色申告特別控除の適用を受けることができる。
1） ① 不動産所得 ② 55万円
2） ① 譲渡所得 ② 55万円
3） ① 山林所得 ② 10万円

(51) 幅員5mの市道に15m接し、面積が240㎡である敷地に、建築面積120㎡、延べ面積が180㎡の2階建ての住宅を建築する場合、この住宅の建蔽率は（ ）となる。
1） 40%
2） 50%
3） 75%

(52) 不動産取引において、買主が売主に解約手付を交付したときは、相手方が契約の履行に着手するまでは、買主はその手付を放棄することで、売主はその（ ）を償還することで、それぞれ契約を解除することができる。
1） 2分の1の額
2） 同額
3） 2倍の額

(53) 借地借家法の規定によれば、定期借地権等以外の借地権に係る借地契約を更新する場合において、その期間は、借地権設定後の最初の更新では更新の日から（ ① ）、それ以降の更新では（ ② ）とされている。ただし、当事者がこれより長い期間を定めたときは、その期間とされている。
1） ① 20年 ② 10年
2） ① 20年 ② 15年
3） ① 30年 ② 20年

(54) 相続税路線価は、地価公示の公示価格の（ ）を価格水準の目安として設定されている。
1） 60%

2）　70%

3）　80%

(55)　投資総額1億円の賃貸用不動産の年間収入の合計額が1,000万円、年間費
用の合計額が500万円であった場合、この投資の純利回り（NOI利回り）は、
（　　　　）である。

1）　5％

2）　10％

3）　15％

(56)　民法の規定によれば、親族とは、（　①　）親等内の血族、配偶者および
（　②　）親等内の姻族をいう。

1）　①　3　　　　　②　6

2）　①　4　　　　　②　3

3）　①　6　　　　　②　3

(57)　下記の〈親族関係図〉において、配偶者Bさんの法定相続分は（　　　　　）
である。

〈親族関係図〉

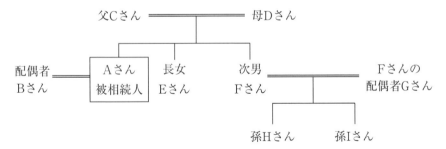

1）　2分の1

2）　3分の2

3）　4分の3

(58)　2024年中に開始した相続において、相続人が被相続人の配偶者、実子3人、
特別養子縁組以外の縁組による養子2人の計6人である場合、相続税の計算
における遺産に係る基礎控除額は（　　　）である。

1）　5,700万円

2）　6,000万円

3）　6,600万円

(59)　「配偶者の税額軽減」の規定の適用を受けた場合、配偶者の取得する財産の価額が、相続税の課税価格の合計額に対する配偶者の法定相続分相当額、あるいは（　　　　）までのいずれか多い金額相当額までであれば、原則として、配偶者の納付すべき相続税額はないものとされる。

1）　1億円

2）　1億3,000万円

3）　1億6,000万円

(60)　2024年中に開始した相続において、相続人が相続により取得した土地が「小規模宅地等の評価減の特例」により、（　　　　）に該当する場合、400㎡を限度面積として評価額の80％を減額することができる。

1）　特定居住用宅地等

2）　貸付事業用宅地等

3）　特定事業用宅地等

予想模試
実技試験①

（個人資産相談業務）
金財

60 分

【第1問】 次の設例に基づいて、下記の各問(《問1》～《問3》)に答えなさい。

《設例》

会社員のAさん(56歳)は、妻Bさん(48歳)、長男Cさん(19歳)との3人暮らしである。Aさんは勤務先のX社を9年後に退職する予定である。Aさんは今後ならびに退職後の社会保険等についてファイナンシャル・プランナーのMさんに相談することにした。

Aさんおよびその家族に関する資料は以下のとおりである。

〈Aさんおよびその家族に関する資料〉
(1)Aさん(会社員)
　生年月日：1968年4月13日
　[公的年金の加入歴(見込みを含む)]

1988年4月 1991年4月		2024年9月	2033年4月
国民年金 未加入期間 36月	厚生年金保険 被保険者期間 401月	厚生年金保険 被保険者期間 103月	

20歳　　　　　23歳　　　　　　　　　56歳　　　　　65歳

2003年3月以前(144月)　　2003年4月以後(360月)
平均標準報酬月額：290,000円　平均標準報酬額：370,000円

(2)妻Bさん(パート勤務)
　生年月日：1976年6月13日
　短大卒業後、会社員として勤めていた間は、厚生年金保険に加入していた。Aさんとの結婚後は、国民年金保険の第3号被保険者となっている。
(3)長男Cさん(大学生)
　生年月日：2005年4月13日

※妻Bさんは、現在および将来においても、Aさんと同居し、生計維持関係にあるものとする。
※Aさん、妻Bさんおよび長男Cさんは、現在および将来においても、公的年金制度における障害等級に該当する障害の状態にないものとする。
※上記以外の条件は考慮せず、各問に従うこと。

《問1》　Mさんは、Aさんに対して、Aさんの退職後における公的医療保険制度について説明した。Mさんが説明した以下の文章の空欄①〜③に入る語句の組合せとして、次のうち最も適切なものはどれか。

> 　「Aさんが退職した後に加入する公的医療保険については、国民健康保険に加入するか、現在加入している健康保険の任意継続被保険者になるかが考えられます。
> 　任意継続被保険者に対する保険給付は在職時の保険給付とほぼ同じですが、資格喪失後の継続給付に該当する者を除き、任意継続被保険者には（　①　）は支給されません。
> 　なお、健康保険の任意継続被保険者となる場合、任意継続被保険者として健康保険に加入できる期間は最長で（　②　）で、保険料は（　③　）となります。

1）　①　傷病手当金　　②　2年間　　③　全額自己負担
2）　①　高額療養費　　②　2年間　　③　全額自己負担
3）　①　傷病手当金　　②　1年間　　③　事業主と折半

《問2》　Mさんは、Aさんに対して、Aさん家族の公的年金について説明した。Mさんが説明した次の記述のうち、最も不適切なものはどれか。
1）「Aさんが65歳になって老齢厚生年金を受給するときには、加給年金額が支給されます」
2）「妻Bさんは、Aさんが65歳で退職すると、国民年金の第3号被保険者から第1号被保険者への種別変更の手続きを行い、以後、国民年金の保険料を納付することになります」
3）「長男Cさんが20歳になると、国民年金に加入し、保険料の支払い義務が生じます。ただし、本人の所得が一定以下の場合、「学生納付特例制度」を利用すれば保険料の納付が猶予されます。保険料の納付を猶予された期間は、追納しなくても、一部が老齢基礎年金額に反映されます」

《問3》　Mさんは、AさんがX社を65歳で退職した場合、原則として65歳から受給することができる老齢厚生年金の年金額（2024年度価額）を試算した。Mさんが試算した老齢厚生年金の年金額のうち、報酬比例部分の額（本来水準の額）を算出する計算式として、次のうち最も適切なものはどれか。

1) $290{,}000円 \times \dfrac{7.125}{1{,}000} \times 144月 + 370{,}000円 \times \dfrac{7.125}{1{,}000} \times 360月$

2) $290{,}000円 \times \dfrac{7.125}{1{,}000} \times 144月 + 370{,}000円 \times \dfrac{5.481}{1{,}000} \times 360月$

3) $290{,}000円 \times \dfrac{7.125}{1{,}000} \times 401月 + 370{,}000円 \times \dfrac{5.481}{1{,}000} \times 103月$

【第2問】 次の設例に基づいて、下記の各問(《問4》～《問6》)に答えなさい。

《設例》

　　会社員のAさん(32歳)は、新NISAになったことから「特定非課税管理勘定(成長投資枠)」を利用した資産運用について関心を持つようになった。Aさんは、最近注目しているX株式会社の上場株式(以下、「X社株式」という)に関する情報を収集し、ファイナンシャル・プランナーのMさんに相談することにした。

　　Aさんが購入を検討しているX社株式に関する資料は、以下のとおりである。

〈X社株式に関する資料〉
・業種　　　　　　　　：外食産業
・特徴　　　　　　　　：家族世帯を対象として、東海圏を中心に店舗展開
・株価　　　　　　　　：500円
・当期純利益　　　　　：30億円
・純資産(自己資本)　　：500億円
・発行済み株式数　　　： 1億株
・前期の配当金の額　　：15円(1株当たり)

※上記以外の条件は考慮せず、各問に従うこと。

《問4》 Mさんは、Aさんに対して、「新NISA」について説明した。Mさんが説明した次の記述のうち、最も適切なものはどれか。

1）「新NISAでは、特定累積投資勘定（以下、つみたて投資枠）及び特定非課税管理勘定（以下、成長投資枠）は、ともに非課税保有期間は20年となります」

2）「成長投資枠の、年間投資上限額は120万円です」

3）「つみたて資枠と成長投資枠の非課税保有限度額（総額）は1,800万円です」

《問5》 Mさんは、Aさんに対して、株式投資の仕組みについて説明した。Mさんが説明した次の記述のうち、最も適切なものはどれか。

1）「指値注文により国内上場株式を買い付ける場合、指値注文は成行注文に優先するため、売買が成立しやすくなります」

2）「成行注文により国内上場株式を買い付ける場合、想定していた価格よりも高い価格で売買が成立する可能性があります」

3）「株式の売買が成立した日を約定日といい、株式の売買代金は約定日の翌日から3営業日目に受渡しするのが原則です」

《問6》 X社株式の各種投資指標に関する次の記述のうち、最も不適切なものはどれか。

1）X社株式のPER（株価収益率）は6倍である。

2）X社株式のPBR（株価純資産倍率）は1倍である。

3）X株式会社のROE（自己資本利益率）は6％である。

【第3問】 次の設例に基づいて、下記の各問(《問7》～《問9》)に答えなさい。

《設例》

　　事業を営む個人事業主であるAさん(45歳)は、妻Bさん(42歳)、長男Cさん(14歳)、母Dさん(68歳)との4人家族である。Aさんは、父親から現在の事業を引き継いで以来、青色申告により確定申告を行っている。また、Aさんは、2024年中に加入していた一時払変額年金保険の解約返戻金を受け取った。

　　Aさんの2024年分の収入等に関する資料等は以下のとおりである。

〈Aさんの家族構成〉
・Aさん　　　　　：個人事業主
・妻Bさん　　　　：Aさんの青色事業専従者として、2024年中に青色事業専従者給与84万円(事前届出額以内で、労務の対価として適正である)の支払を受けている。
・長男Cさん　　　：中学生。2024年中の収入はない。
・母Dさん　　　　：無職。2024年中に公的年金収入72万円を得た。

〈Aさんの2024年分の事業所得の金額に関する資料〉
・事業所得の金額　　　　：800万円(青色申告特別控除後の金額)

〈Aさんが2024年中に解約した一時払変額年金保険に関する資料〉
保険の種類　　　　　　：一時払変額年金保険
契約年月日　　　　　　：2011年6月1日
契約者　　　　　　　　：Aさん
解約返戻金　　　　　　：380万円
正味払込保険料　　　　：320万円

※妻Bさん、長男Cさんおよび母Dさんは、Aさんと同居し、生計を一にしている。
※家族は、いずれも障害者および特別障害者には該当しない。
※家族の年齢は、いずれも2024年12月31日現在のものである。
※上記以外の条件は考慮せず、各問に従うこと。

《問7》 所得税の青色申告制度に関する次の記述のうち、最も適切なものはどれか。
1) 生計を一にする15歳以上の配偶者や親族が事業の手伝いをしている（家族従業員がいる）場合、その人たちに支払う給与を青色事業専従者給与として必要経費にすることができる。
2) 事業的規模の不動産所得者または事業所得者である青色申告者が、その取引の内容を正規の簿記の原則により記帳し、それに基づいて作成した貸借対照表等を添付した確定申告書を法定申告期限内に提出した場合、青色申告特別控除として最高60万円を所得金額から控除することができる。
3) 青色申告者の所得税の計算において、損益通算してもなお控除しきれない損失の金額（純損失の金額）が生じた場合、その損失の金額を翌年以降5年間に渡って繰り越して、各年分の所得金額から控除することができる。

《問8》 Aさんの2024年分の所得控除に関する次の記述のうち、最も不適切なものはどれか。
1) 妻Bさんは、青色事業専従者であるため、Aさんは配偶者控除・配偶者特別控除の適用を受けることはできない。
2) 長男Cさんは扶養親族に該当するため、Aさんは、扶養控除の適用を受けることができ、その金額は38万円である。
3) 母Dさんは扶養親族に該当するため、Aさんは、扶養控除の適用を受けることができ、その金額は38万円である。

《問9》 Aさんの2024年分の総所得金額は、次のうちどれか。
1) 805万円
2) 810万円
3) 860万円

【第4問】　次の設例に基づいて、下記の各問(《問10》~《問12》)に答えなさい。

《設例》

　　Aさん(35歳)は、現在、賃貸住宅に居住しているが、住宅ローンを利用してマンションの購入を検討している。近所の不動産会社(宅地建物取引業者)から、Xさんが所有する中古マンション(以下、「甲マンション」という)の売却物件情報の提供を受けたため、Aさんは甲マンションの購入を検討することにした。

　　Aさんが購入を検討している甲マンションの売却物件情報は、以下のとおりである。

〈甲マンションの売却物件情報〉

物件名	甲マンション302号室	価格	2,500万円
所在地	○○市○○町○丁目○番○号	間取り	3LDK
交通	○○線○○駅まで徒歩○分	所在階	3階/5階
建築年月	2013年9月	建物構造	鉄骨鉄筋コンクリート造
総戸数	40戸	専有面積	84.00㎡(壁芯面積)
用途地域	第二種中高層住居専用地域	敷地利用権	所有権
広告表示有効期限	2024年10月31日	取引態様	一般媒介

※Xさんは、宅地建物取引業者ではない。
※上記以外の条件は考慮せず、各問に従うこと。

《問10》　建物の登記記録に関する以下の文章の空欄①~③に入る語句の組合せとして、次のうち最も適切なものはどれか。

　　建物の登記記録を確認する場合、(　①　)で申請を行うことにより、登記事項証明書の交付を受けることができる。《設例》の〈甲マンションの売却物

件情報〉においては、甲マンションの専有面積は壁芯面積で記載されているが、登記記録上の専有面積はこれよりも（　②　）なる。また、購入する建物に抵当権が設定されている場合、抵当権の実行により所有権を失うことがあるため、売買契約の締結にあたっては登記事項証明書の権利部（　③　）を確認し、抵当権の設定の有無について確認することが重要である。

1）① 市町村（特別区を含む）役場 　② 小さく 　③ 乙区
2）① 市町村（特別区を含む）役場 　② 大きく 　③ 甲区
3）① 法務局 　② 小さく 　③ 乙区

《問11》 マンションに適用される「建物の区分所有に関する法律（以下、「区分所有法」という）に関する次の記述のうち、最も不適切なものはどれか。
1）区分所有法では、区分所有権の目的たる建物の部分を専有部分という。
2）区分所有法の規定によれば、建物の価格の2分の1超に相当する部分が滅失（大規模滅失）したときは、集会において、区分所有者および議決権の各3分の2以上の多数で、滅失した共用部分を復旧する旨の決議をすることができるとされている。
3）区分所有法の規定によれば、集会において、区分所有者および議決権の各5分の4以上の多数で区分所有建物の建替え決議をすることができるとされている。

《問12》 下記は、不動産の取得および保有に係る税金についてまとめた表である。下表の空欄①～③にあてはまる語句の組合せとして、次のうち最も適切なものはどれか。

税金の種類	課税主体	納税義務者（原則）	課税標準（原則）
不動産取得税	都道府県	不動産の取得者。ただし（　①　）により取得した場合は非課税	固定資産税評価額
登録免許税	国	登記を受ける者	抵当権設定登記等を除き、（　②　）
固定資産税	（　③　）	1月1日現在の固定資産の所有者	固定資産税評価額

1. ① 贈与 　② 固定資産税評価額 　③ 都道府県
2. ① 贈与 　② 相続税評価額 　③ 市区町村（東京23区は東京都）
3. ① 相続 　② 固定資産税評価額 　③ 市区町村（東京23区は東京都）

【第5問】 次の設例に基づいて、下記の各問（《問13》～《問15》）に答えなさい。

《設例》

Aさん(73歳)は、今年、婚姻期間50年となる妻Bさんおよび長女Cさんとの3人暮らしである。Aさんは、近年、相続対策として、妻および子供たちに財産の贈与を行い、先日、自筆証書遺言も作成した。

Aさんの親族関係図および主な財産の状況は次のとおりである。

〈Aさんの親族関係図〉

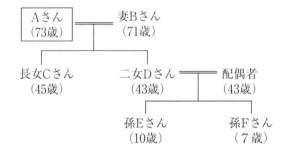

〈Aさんの主な財産の状況（相続税評価額）〉
・預貯金　　　　　　　　　：5,000万円
・上場株式（X社株式）　　 ：1,200万円
・賃貸アパートY（敷地）　 ：4,000万円
・賃貸アパートY（建物）　 ：1,200万円

①長女Cさんに対して、2021年10月に、貸家Zの敷地3,000万円と家屋1,500万円（贈与時点の相続税評価額）を贈与した。長女Cさんは、この受贈財産に係る贈与税について相続時精算課税制度の適用を受けた。

②二女Dさんに対して、2023年3月に自動車購入費用として現金200万円を贈与した。二女Dさんは、この受贈財産に係る暦年課税の申告をして、贈与税を納付している。

③妻Bさんに対して、2023年5月に贈与税の配偶者控除を利用して自宅の敷地および家屋（贈与時点の相続税評価額は2,000万円）を贈与した。妻Bさんはこの贈与に関して確定申告を行った。

※上記以外の条件は考慮せず、各問に従うこと。

《問13》　民法上の遺言に関する次の記述のうち、最も不適切なものはどれか。

1）自筆証書遺言は、遺言者がその遺言の全文・日付・氏名を自書し、これに押印して作成するものであり、すべてをパソコンで作成した場合、その遺言書は無効となる。

2）公正証書遺言は、遺言者が、公証役場において遺言の趣旨を公証人に口授し、公証人がそれを筆記して作成する遺言であり、作成にあたっては証人2人の立ち合いが必要である。

3）自筆証書遺言も公正証書遺言も、相続開始後に家庭裁判所における検認が必要である。

《問14》　相続税に関する以下の文章の空欄①～③に入る語句の組合せとして、次のうち最も適切なものはどれか。

ⅰ）Aさんの相続における遺産に係る基礎控除額は「（　①　）万円+600万円×法定相続人の数」の算式により算出される。

ⅱ）仮に、Aさんが相続対策として生命保険に加入した場合、相続人が相続で取得する相続税の課税対象となる死亡保険金のうち、（　②　）万円に法定相続人の数を乗じた金額を限度として相続税が非課税となる。

ⅲ）Aさんが所有している賃貸アパートYの敷地は、Aさんの相続税の課税計算において貸家建付地として評価され、その相続税評価額は「自用地としての評価額－自用地としての評価額×（　③　）」の算式により算出される。

1）①　5,000　　②　500　　③　借地権割合×賃貸割合

2）①　3,000　　②　600　　③　借地権割合×賃貸割合

3）①　3,000　　②　500　　③　借地権割合×借家権割合×賃貸割合

《問15》　仮に、Aさんの相続が現時点（2024年5月20日）で開始した場合のAさんの相続に関する次の記述のうち、最も不適切なものはどれか。

1）妻BさんがAさんから贈与を受けた自宅の家屋および敷地については、Aさんの相続に係る相続税の課税価格に加算されない。

2）長女Cさんが相続時精算課税制度の適用を受けて贈与された財産は、Aさんの相続に係る相続税の計算において、贈与時の評価額によって相続税の課税価格に加算される。

3）二女DさんがAさんから贈与を受けた現金200万円については、相続税の課税価格に加算されない。

予想模試
実技試験②

(保険顧客資産相談業務)
金財

60 分

試験問題については、特に指示のない限り、2024年4月現在施行の法令等に基づいて、解答してください(復興特別法人税・復興特別所得税・個人住民税の均等割加算も考慮するものとします)。なお、東日本大震災の被災者等に対する各種特例等については考慮しないものとします。

【第1問】　次の設例に基づいて、下記の各問（《問１》～《問３》）に答えなさい。

《設例》

　　個人事業主のAさん（45歳）は、最近、老後の生活資金の準備について考えるようになり、老後の年金収入を増やす方法を検討しており、ファイナンシャル・プランナーのMさんに相談することにした。
　　Aさんの公的年金の加入歴等に関する資料は、以下のとおりである。

〈Aさんに関する資料〉
　　・1979年6月13日生まれ
　　・公的年金の加入歴（見込み期間を含む）

1999年6月　　　　　　　　　　　　　　　　　2024年6月

国民年金		
保険料未納期間	保険料納付済期間	保険料納付予定期間
10月	290月	180月

（20歳）　　　　　　　　　　　　　　　　　　　　　　　（60歳）

※上記以外の条件は考慮せず、各問に従うこと。

《問1》　はじめにMさんは、老齢基礎年金について説明した。MさんがAさんに説明した以下の文章のうち、最も適切なものはどれか。

1）「Aさんは、国民年金保険料に加えて月額200円の付加保険料を毎月納付すれば、将来、老齢基礎年金の受給時に付加年金を受給することができます」

2）「老齢基礎年金の支給開始年齢は原則65歳ですが、Aさんが希望すれば、60歳以上65歳未満の間に老齢基礎年金の繰上げ支給を請求することができます」

3）「老齢基礎年金の繰上げ支給を請求した場合は、65歳まで減額された年金額が支給されます」

《問2》　次にMさんは、小規模企業共済制度について説明した。Mさんが、Aさんに対して説明した以下の文章のうち、最も不適切なものはどれか。

1）「小規模企業共済制度は、個人事業主が廃業等した場合に必要となる資金を準備しておくための共済制度です」

2）「毎月の掛金は、1,000円から70,000円の範囲内で500円刻みで選択することができ、その全額が所得控除の対象となります」

3）「個人事業主が廃業した場合に受け取る「一括受取」の共済金は、一時所得として扱われます」

《問3》　最後にMさんは、確定拠出年金の個人型について説明した。Mさんが、Aさんに対して説明した以下の文章の空欄①〜③に入る語句または数値の組合せとして、次のうち最も適切なものはどれか。

「確定拠出年金の個人型年金は、将来の年金受取額が加入者の指図に基づく運用実績によって変わってくる年金制度です。

Aさんが確定拠出年金の個人型年金に加入した場合、確定拠出年金の掛金は、付加年金の付加保険料と合算して月額（　①　）円が限度額となります。なお、掛金はその全額が（　②　）として所得控除の対象となります。

なお、60歳から老齢給付金を受け取るには、通算加入者等期間が（　③　）年以上であることが必要です」

1）①　68,000　　②　社会保険料控除　　③　10

2）①　68,000　　②　小規模企業共済等掛金控除　　③　10

3）①　55,000　　②　小規模企業共済等掛金控除　　③　5

【第2問】 次の設例に基づいて、下記の各問（《問4》～《問6》）に答えなさい。

《設例》

会社員のAさん（35歳）は、専業主婦の妻Bさん（32歳）と長男Cさん（0歳）との3人で、賃貸住宅で暮らしている。長男Cさんの誕生を機に、Aさんは生命保険への加入を考え、生命保険会社の営業担当者であるファイナンシャル・プランナーのMさんに相談することにした。

Mさんは、生命保険の見直しをする前に、必要死亡保障額を正しく把握する必要があると考え、下記の〈算式〉を基に、Aさんから必要な情報をヒアリングした。現時点で、Aさんが死亡した場合の必要死亡保障額を試算した結果、その額は3,800万円となった。

〈算式〉

必要死亡保障額＝遺族に必要な生活資金等の総額－遺族の収入見込額

〈Mさんが提案した生命保険に関する資料〉

保険の種類 ：5年ごと配当付終身保険
　　　　　　　　　　　　　　　　　（65歳払込満了）

月払保険料（集団扱い） ：14,800円
契約者（＝保険料負担者）・被保険者 ：Aさん
死亡保険金受取人 ：妻Bさん

主契約および 付加されている特約	保障金額	保険期間
終身保険	200万円	終身
定期保険特約	500万円	10年
収入保障特約^(注1)	年額50万円×65歳まで	10年
重度疾病保障定期保険特約^(注2)	300万円	10年
総合医療特約（180日型）	1日目から日額5,000円	10年
先進医療特約	先進医療の技術費用と同額	10年
リビング・ニーズ特約	—	—
指定代理請求特約	—	—

（注1）　最低支払保証期間は5年
（注2）　所定のがん（悪性新生物）、急性心筋梗塞、脳卒中、重度の糖尿病、重度の高血圧疾患、肝硬変、慢性腎不全、慢性すい炎のいずれかを保障する。
　　　　重度疾病保険金を支払った場合、本特約は消滅する。
※上記以外の条件は考慮せず、各問に従うこと

《問4》　はじめに、Mさんは、必要保障額の考え方についてアドバイスした。Mさんの Aさんに対するアドバイスとして、次のうち最も不適切なものはどれか。

1）「必要保障額の算出は、Aさんがお亡くなりになったときのご家族の生活資金等が不足する事態を回避するための判断材料となります。必要保障額は、通常、長男Cさんの成長とともに逓減します」

2）「必要死亡保障額を大きく左右する項目として、住居費用が挙げられます。仮にAさんが住宅ローン（団体信用生命保険加入）を利用して自宅を購入した後に死亡した場合、住宅ローン債務は団体信用生命保険の死亡保険金により弁済されるため、住宅ローンの残債務を遺族に必要な生活資金等の総額に含める必要はありません」

3）「遺族の収入見込額を計算する際は、遺族基礎年金および遺族厚生年金の年金額を把握する必要があります。仮に、Aさんの死亡後にBさんが就労し、少しでも収入を得ると、遺族基礎年金は支給停止となりますので注意してください」

《問5》　次にMさんは、Mさんが提案した生命保険の内容について説明した。Mさんの Aさんに対する説明として、次のうち最も不適切なものはどれか。

1）「ご提案した生命保険の収入保障特約は、保険期間の経過とともに年金受取総額が減っていきますが、最低でも5年分の年金は受給することができます」

2）「所定の重度疾病にり患した場合、重度疾病保障定期保険特約により300万円を受け取ることができます。重度疾病保険金を受け取るとこの特約は消滅します」

3）「先進医療特約の対象となるのは、この保険の契約時点で厚生労働大臣が承認する先進医療に該当する治療です」

《問6》　最後にMさんは、生命保険の必要性や見直し方法について説明した。MさんのAさんに対する説明として、次のうち最も適切なものはどれか。

1）「必要死亡保障額の計算結果を考慮すれば、保険で死亡保障を確保されたほうがよいでしょう。民間の生命保険だけでなく、各種共済、あるいは勤務先の団体保険など、幅広い選択肢の中から、Aさんのニーズに合わせて加入を検討してください」

2）「死亡保障の検討と同時に、長男Cさんの教育資金の準備として、学資（こども）保険に加入することも検討事項の1つです。学資（こども）保険は、満期時や入学時等の所定の時期に祝金（学資金）を受け取ることができる保険です。万一、保険期間中に契約者である親が亡くなった場合には死亡保険金が受け取れます」

3）「生命保険の見直しは、生命保険の商品改定に合わせて行ってください。特に、医療保障・介護保障は商品改定が頻繁に行われていますので、新商品が発売されたら、乗換えを検討してください」

【第3問】 次の設例に基づいて、下記の各問（《問7》～《問9》）に答えなさい。

《設例》

> X株式会社（以下「X社」という）の創業社長であるAさん（43歳）は、先日、生命保険会社の営業担当者からAさんの退職金準備および事業保障資金の確保を目的とする生命保険契約の提案を受けた。
>
> そこで、Aさんは、ファイナンシャル・プランナーのMさんに相談することにした。
>
> 〈資料〉Aさんが提案を受けている生命保険の内容
>
> | | |
> |---|---|
> | 保険の種類 | ：低解約返戻金型終身保険（特約付加なし） |
> | 契約者（＝保険料負担者） | ：X社 |
> | 被保険者 | ：Aさん |
> | 死亡保険金受取人 | ：X社 |
> | 保険料払込期間 | ：65歳満了 |
> | 死亡・高度障害保険金額 | ：4,000万円 |
> | 年払保険料 | ：152万円 |
>
> ※解約返戻金額の80％の範囲内で、契約者貸付制度を利用することができる。
> ※保険料払込期間を「低解約返戻金期間」とし、その期間は解約返戻金額を低解約返戻金型ではない終身保険の70％程度に抑えている。
>
> ※上記以外の条件は考慮せず、各問に従うこと。

《問7》 仮に、将来X社がAさんに役員退職金5,000万円を支給した場合、Aさんが受け取る役員退職金に係る退職所得の金額の計算式として、次のうち最も適切なものはどれか。なお、Aさんの役員在任期間（勤続期間）を25年3ヵ月とし、これ以外に退職手当等の収入はなく、障害者になったことが退職の直接の原因ではないものとする。

1）5,000万円 － ｛70万円 ×（26年 － 20年）＋ 800万円｝＝3,780万円
2）［5,000万円 － ｛70万円 ×（25年 － 20年）＋ 800万円｝］× 1/2 ＝1,925万円
3）［5,000万円 － ｛70万円 ×（26年 － 20年）＋ 800万円｝］× 1/2 ＝1,890万円

《問8》 Mさんは、《設例》の〈資料〉の終身保険について説明した。MさんのAさんに対する説明として、次のうち最も不適切なものはどれか。

1）「当該生命保険は、全保険期間における解約返戻金額を抑えることにより、低解約返戻金型ではない終身保険に比べると、保険料が割安になっています」

2）「保険期間中に急な資金需要が発生した場合、契約者貸付制度を利用すれば、当該終身保険契約を解約しなくても、資金を調達することができます。なお、契約者貸付金は、長期借入金として負債の額に算入します」

3）「当該保険を解約せずに、役員退職金の一部として、当該終身保険の契約者をAさん、死亡保険金受取人をAさんの相続人に名義変更し、Aさん個人の保険として継続することも可能です」

《問9》 《設例》の〈資料〉の終身保険を、下記〈条件〉で解約した場合の経理処理（仕訳）として、次のうち最も適切なものはどれか。

〈条件〉

・低解約返戻金期間経過後に解約し、受け取った解約返戻金額は3,600万円である。

・X社が解約時までに支払った保険料の総額は3,350万円である。

・上記以外の条件は考慮しないものとする。

1）

借方		貸方	
現金・預金	3,600万円	前払保険料	1,675万円
		雑収入	1,925万円

2）

借方		貸方	
現金・預金	3,600万円	前払保険料	1,675万円
		定期保険料	1,675万円
		雑収入	250万円

3）

借方		貸方	
現金・預金	3,600万円	保険料積立金	3,350万円
		雑収入	250万円

【第4問】　次の設例に基づいて、下記の各問（《問10》〜《問12》）に答えなさい。

《設例》

　　会社員のAさんは、妻Bさんおよび長男Cさんの3人家族である。Aさんは、生命保険の見直しを行った結果、2024年中に下記の個人年金保険を解約している。また、Aさんは、長男Cさんの入院・手術・通院に係る医療費について、医療費控除の適用を受けたいと考えている。
　　なお、Aさんとその家族に関する資料等は、以下のとおりである。

〈Aさんとその家族に関する資料〉
　Aさん　　　　（50歳）：会社員
　妻Bさん　　　（49歳）：2024年中にパートにより給与収入60万円を得ている。
　長男Cさん　　（20歳）：2024年中にアルバイトにより給与収入50万円を得ている。
　　　　　　　　　　　　　長男Cさんが負担すべき国民年金の保険料をAさんが支払っている。

〈Aさんの2024年分の収入等に関する資料〉
(1)給与収入の金額　　：800万円
(2)解約した一時払変額個人年金保険（10年確定年金）の解約返戻金
　　　契約年月　　　　　　　　　　　：2015年4月
　　　契約者（＝保険料負担者）・被保険者　：Aさん
　　　死亡保険金受取人　　　　　　　：妻Bさん
　　　解約返戻金額　　　　　　　　　：600万円
　　　一時払保険料　　　　　　　　　：500万円

※妻Bさん、長男Cさんは、Aさんと同居し生計を一にしている。
※Aさんとその家族は、いずれも障害者および特別障害者に該当しない。
※Aさんとその家族の年齢は、いずれも2024年12月31日現在のものである。
※上記以外の条件は考慮せず、各問に従うこと。

《問10》 Aさんの2024年分の所得税における所得控除に関する以下の文章のうち、最も適切なものはどれか。

1）Aさんは、配偶者特別控除の適用を受けることができる。

2）Aさんの、長男Cさんに係る扶養控除の控除額は、38万円である。

3）Aさんが支払っている、長男Cさんが負担すべき国民年金の保険料の金額は、全額、Aさんの社会保険料控除の対象となる。

《問11》 Aさんの2024年分の所得税における所得控除に関する以下の文章のうち、最も適切なものはどれか。

1）「医療費控除は、総所得金額等の合計額が200万円以上の者の場合、その年中に支払った医療費の額が20万円を超えていなければ受けることができません」

2）「医療費控除は、医師等による診療や治療に要した費用が対象になります。診療等を受けるための公共交通機関（バス・電車等）による通院費は適用対象外です」

3）「医療費控除の適用を受けるには、確定申告書を、Aさんの住所地を所轄する税務署長に提出しなければなりません」

《問12》 Aさんの2024年分の所得税における総所得金額は、次のうちどれか。

1）635万円

2）660万円

3）710万円

〈資料〉

給与等の収入金額 （給与所得の源泉徴収票の支払金額）		給与所得控除額
	1,625,000円まで	550,000円
1,625,001円から	1,800,000円まで	給与収入金額×40％－100,000円
1,800,001円から	3,600,000円まで	給与収入金額×30％＋80,000円
3,600,001円から	6,600,000円まで	給与収入金額×20％＋440,000円
6,600,001円から	8,500,000円まで	給与収入金額×10％＋1,100,000円
8,500,000円以上		1,950,000円（上限）

【第5問】 次の設例に基づいて、下記の各問(《問13》~《問15》)に答えなさい。

《設例》

　　Aさんは、2024年9月1日に病気により68歳で死亡した。Aさんの親族関係図等は以下のとおりである。なお、Aさんは、死亡日前に自筆証書による遺言を作成し、自宅の金庫で保管していた。

〈Aさんの親族関係図〉

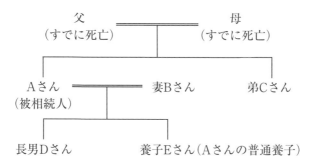

〈Aさんが加入していた生命保険の契約内容〉
　　定期保険特約付終身保険
　　契約者(＝保険料負担者)・被保険者　：Aさん
　　死亡保険金受取人　　　　　　　　　：妻Bさん
　　死亡保険金額　　　　　　　　　　　：2,000万円

※上記以外の条件は考慮せず、各問に従うこと。

《問13》　自筆証書遺言および遺留分に関する次の記述のうち、最も適切なものはどれか。

1）「自宅で自筆証書による遺言書を発見した相続人は、遺言者の死亡を知った後、遅滞なく、その遺言書を家庭裁判所に提出して、その検認を請求しなくてはなりません」

2）「相続人である長男Dさんが自筆証書による遺言書を発見し、家庭裁判所の検認を受ける前に開封した場合、その遺言書は無効となります」

3）「仮に、Aさんの『私の財産はすべて妻Bに相続させる』旨の遺言により、妻BさんがAさんの財産をすべて取得した場合、弟Cさんは、妻Bさんに対して遺留分侵害額請求をすることができます」

《問14》　Aさんの相続に関する以下の文章の空欄①～③に入る語句の組合せとして、次のうち最も適切なものはどれか。

> ⅰ）普通養子Eさんの法定相続分は（　①　）である。
> ⅱ）配偶者に対する相続税額の軽減の適用を受けた場合、妻Bさんが相続により取得した財産の金額が配偶者の法定相続分相当額と（　②　）とのいずれか多い金額までであれば、納付すべき相続税額は算出されない。
> ⅲ）Aさんが加入している定期付終身保険の死亡保険金は、みなし相続財産として相続税の課税対象になる。Aさんの相続開始後、Bさんが受け取った死亡保険金2,000万円のうち、相続税の課税価格に算入される金額は（　③　）である。

1）① 4分の1　　② 1億円　　③ 500万円
2）① 4分の1　　② 1億6,000万円　　③ 500万円
3）① 8分の1　　② 1億6,000万円　　③ 1,000万円

《問15》　Aさんの相続に係る課税遺産総額（「課税価格の合計額－遺産に係る基礎控除額」）を1億円と仮定した場合の相続税の総額は次のうちどれか。

1）1,400万円
2）1,450万円
3）1,765万円

〈資料〉相続税の速算表（一部抜粋）

法定相続分に応ずる取得金額		税率	控除額
1,000万円以下		10%	0円
1,000万円超	3,000万円以下	15%	50万円
3,000万円超	5,000万円以下	20%	200万円
5,000万円超	1億円以下	30%	700万円
1億円超	2億円以下	40%	1,700万円
2億円超	3億円以下	45%	2,700万円
3億円超	6億円以下	50%	4,200万円
6億円超		55%	7,200万円

予想模試
実技試験③

（資産設計提案業務）
日本 FP 協会

60 分

試験問題については、特に指示のない限り、2024年4月現在施行の法令等に基づいて、解答してください（復興特別法人税・復興特別所得税・個人住民税の均等割加算も考慮するものとします）。なお、東日本大震災の被災者等に対する各種特例等については考慮しないものとします。

【第1問】 下記の問1、問2について解答しなさい。

《問1》 ファイナンシャル・プランニング業務を行うに当たっては、関連業法を順守することが重要である。ファイナンシャル・プランナー(以下、「FP」という)の行為に関する次の記述のうち、最も不適切なものはどれか。

1) 生命保険の募集人の登録をしていないFPが、顧客から相談を受け、現時点の必要保障額の試算を行った。
2) 税理士資格を有していないFPが、市役所の無料相談会において、相談者の持参した資料に基づいて、相談者が提出すべき相続税の具体的な計算をした。
3) 社会保険労務士資格を有していないFPが、顧客の持参した「ねんきん定期便」等の資料を参考に、公的年金の受給見込額を計算した。

《問2》 下記は、杉山家のキャッシュフロー表(一部抜粋)である。このキャッシュフロー表に関する次の記述のうち、最も適切なものはどれか。なお、計算に当たっては、キャッシュフロー表中に記載の整数を使用し、計算結果は万円未満を四捨五入すること。

〈杉山家のキャッシュフロー表〉　　　　　　　　　　　　　　　　(単位：万円)

経過年数			現在	1年	2年	3年
西暦(年)			2024	2025	2026	2027
家族・年齢	杉山 悟	本人	35歳	36歳	37歳	38歳
	由香子	妻	34歳	35歳	36歳	37歳
	卓也	長男	5歳	6歳	7歳	8歳
	佳那	長女	2歳	3歳	4歳	5歳
ライフイベント		変動率	住宅購入		卓也 小学校入学	
収入	給与収入(夫)	1%	465		(ア)	
	給与収入(妻)	—	80	80	80	80
	収入合計	—	545			
支出	基本生活費	2%	285			
	住宅関連費	—	89	132	132	132
	教育費	—			32	32
	保険料	—	36	36	36	36
	一時的支出	—	750			
	その他支出	—	10	10	10	10
	支出合計	—	1,170			
年間収支		—	(イ)	81	47	47
金融資産残高		1%		166	215	(ウ)

※年齢は各年12月31日現在のものとし、2024年を基準年とする。
※記載されている数値は正しいものとする。
※問題作成の都合上、一部空欄にしてある。

1) 空欄(ア)に入る数値とその求め方：「$465 \times (1+0.01)^2 \fallingdotseq 474$」

2) 空欄(イ)に入る数値とその求め方：「$1,170 - 545 = 625$」

3) 空欄(ウ)に入る数値とその求め方：「$(215+47) \times (1+0.01) \fallingdotseq 265$」

【第2問】　下記の問3〜問5について解答しなさい。

《問3》　下記は、経済用語についてまとめた表である。下表の経済用語に関する次の記述のうち、正しいものはどれか。

経済用語	主な内容
（　ア　）	日本銀行が金融市場から資金を吸収するための公開市場操作（オペレーション）であり、資金量の減少から、金利の上昇要因となる。
（　イ　）	消費者が購入するモノやサービスなどの物価の動きを把握するための統計指標で、総務省から毎月発表されている。
（　ウ　）	日本銀行が行う統計調査であり、正式名称を「全国企業短期経済観測調査」という。全国の約1万社の企業を対象に、四半期ごとに調査を実施している。

1）空欄（ア）に入る用語は、「買いオペレーション（買いオペ）」である。
2）空欄（イ）に入る用語は、「消費者動向指数」である。
3）空欄（ウ）に入る用語は、「日銀短観」である。

《問4》　預金保険制度の対象となるAB銀行の国内支店に下記＜資料＞の預金を預け入れている。仮に、AB銀行が破綻した場合、預金保険制度によって保護される金額に関する次の記述のうち、最も不適切なものはどれか。

〈資料〉

円普通預金	150万円
決済用預金	1,500万円
円定期預金	600万円
外貨預金	700万円

※AB銀行からの借入れはない。
※預金の利息については考慮しないこととする。
※円普通預金は決済用預金ではない。

1．円定期預金・円普通預金および外貨預金は、合算して1,000万円が保護される。
2．決済用預金1,500万円は全額保護される。
3．円定期預金・円普通預金の合算額750万円は全額保護される。

《問5》 下記＜資料＞に基づくEA株式会社の投資指標に関する次の記述のうち、最も不適切なものはどれか。なお、購入時の手数料および税金は考慮しないものとする。

〈資料〉

［株式市場に関するデータ］

◇投資指標（PERと配当利回りの太字は予想、カッコ内は前期基準、PBRは四半期末基準、連結ベース）

	PER（倍）	PBR（倍）	配当利回り（%）	
			単純平均	加重平均
日経平均採用銘柄	14.78(16.16)	1.31	1.96(1.99)	
JPX日経400採用銘柄	14.92(15.61)	1.42	1.96(1.95)	2.26(2.19)
東証プライム全銘柄	15.08(16.57)	1.28	2.26(2.16)	2.25(2.16)
東証スタンダード全銘柄	14.02(15.51)	0.95	2.31(2.25)	2.13(2.13)

（出所：日本経済新聞2023年11月22日朝刊20面）

［EA株式会社に関するデータ］
・株　価　　　　　　　　　　　　　　2,200円
・1株当たり純利益（今期予想）　　　 600円
・1株当たり純資産　　　　　　　　 3,280円
・1株当たり年間配当金（今期予想）　 100円

1．株価収益率（PER）で比較した場合、EA株式会社の株価は日経平均採用銘柄の平均（予想ベース）より割安である。

2．株価純資産倍率（PBR）で比較した場合、EA株式会社の株価は東証プライム全銘柄の平均より割安である。

3．配当利回り（単純平均）で比較した場合、EA株式会社の配当利回りは東証スタンダード全銘柄の平均（予想ベース）より低い。

【第3問】 下記の問6について解答しなさい。

《問6》 建築基準法に従い、下記〈資料〉の土地に建築物を建築する場合の延べ面積（床面積の合計）の最高限度として、正しいものはどれか。なお、記載のない条件については一切考慮しないこととする。

〈資料〉

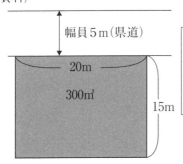

用途地域：商業地域
指定建蔽率：80%
指定容積率：400%
前面道路の幅員に対する法定乗数：6/10

1) 240㎡
2) 900㎡
3) 1,200㎡

【第4問】 下記の問7〜問10について解答しなさい。

《問7》 竹内将司さんが加入している生命保険（下記〈資料〉参照）の保障内容に関する次の記述の空欄（ア）にあてはまる金額として、正しいものはどれか。なお、保険契約は有効に継続しているものとし、将司さんはこれまでに〈資料〉の保険から保険金および給付金を一度も受け取っていないものとする。

〈資料〉

保険証券記号番号 ○○○△△××　定期保険特約付終身保険			
保険契約者	竹内　将司　様		保険契約者印
被保険者	竹内　将司　様 契約年齢　34 歳　男性		竹内
受取人	（死亡給付金） 竹内　奈美恵　様（妻）	受取割合 10 割	

◇契約日（保険期間の始期）
　2013 年 11 月 10 日
◇主契約の保険期間
　終身
◇主契約の保険料払込期間
　60 歳払込満了

◆ご契約内容

終身保険金額（主契約保険金額）　　　　　　　　500 万円
定期保険特約保険金額　　　　　　　　　　　　2,300 万円
特定疾病保障定期保険特約保険金額　　　　　　　200 万円
傷害特約保険金額　　　　　　　　　　　　　　　500 万円
災害入院特約（本人型）　入院5日目から　　　日額 7,000 円
疾病入院特約（本人型）　入院5日目から　　　日額 7,000 円
　不慮の事故や疾病により所定の手術を受けた場合、
　手術の種類に応じて手術給付金
　（入院給付金日額の 10 倍・20 倍・40 倍）を支払います。
成人病入院特約　　　　　入院5日目から　　　日額 7,000 円
リビング・ニーズ特約

◆お払込みいただく合計保険料

毎回△,△△△円／月

［保険料払込方法（回数）］
団体月払い

◇社員配当支払方法
　利息をつけて積立
◇特約の払込期間および保険期間
　10 年

竹内将司さんが、2024年中に脳卒中で死亡（急死）した場合に支払われる死亡保険金は、合計（　ア　）である。

1）2,800万円

2）3,000万円

3）3,500万円

《問8》 田中紀香さんが加入している医療保険（下記〈資料〉）の保障内容に関する次の記述の空欄(ア)にあてはまる金額として、正しいものはどれか。なお、保険契約は有効に継続しているものとし、紀香さんはこれまでに〈資料〉の保険から保険金および給付金を一度も受け取っていないものとする。

〈資料〉

保険証券記号番号(○○○) △△△△△		保険種類　医療保険(無配当)	
保険契約者	田中　紀香　様	保険契約者印	◇契約日(保険期間の始期) 2017年3月1日
被保険者	田中　紀香　様 契約年齢　35才 女性	（田中）	◇主契約の保険期間 終身
受取人	(給付金) 被保険者　様		
	(死亡給付金) 田中　正人　様　(夫)	分割割合 10割	◇主契約の保険料払込期間 終身

◆ご契約内容

給付金・保険金の内容	給付金額・保険金額	保険期間
入院給付金	日額10,000円 ＊病気やケガで1日以上継続入院のとき、入院開始日からその日を含めて1日目から支払います。 ＊同一事由の1回の入院給付金支払限度は60日、通算して1000日となります。	終身
手術給付金	1回につき　入院給付金日額×10・20・40倍 ＊所定の手術を受けた場合、手術の種類に応じて手術給付金(入院給付金日額の10倍・20倍・40倍)を支払います。	
ガン診断給付金	ガン診断給付金　初めてガンと診断されたとき　　　50万円	
死亡・高度障害保険金	50万円 ＊死亡または所定の高度障害となった場合に支払います。	

◆保険料の内容

払込保険料合計	×,×××円／月
払込方法(回数)：	年12回
払込期月　　：	毎月

◆その他付加されている特約・特則等

保険料口座振替特約

＊以下余白

田中紀香さんが2024年中に初めてガンと診断され、20日間入院し、その間に給付倍率20倍の手術を1回受けた場合、支払われる給付金は合計（　ア　）である。

1） 40万円

2） 90万円

3） 140万円

《問9》 鈴木さん夫婦（いずれも会社員）が加入している生命保険は下記〈資料〉のとおりである。〈資料〉の契約A～Cについて、保険金・給付金が支払われた場合の課税関係に関する次の記述のうち、誤っているものはどれか。

〈資料〉

	保険種類	保険料支払方法	保険契約者（保険料負担者）	被保険者	死亡保険金受取人	満期保険金受取人
契約A	終身保険	月払い	妻	妻	夫	－
契約B	養老保険	月払い	夫	夫	妻	妻
契約C	定期保険	月払い	夫	妻	夫	－

1） 契約Aについて、夫が受け取った死亡保険金は、相続税の課税対象となる。

2） 契約Bについて、妻が受け取った満期保険金は、一時所得として所得税・住民税の課税対象となる。

3） 契約Cについて、夫が受け取った死亡保険金は、一時所得として所得税・住民税の課税対象となる。

《問10》 山田麗子さんが契約している普通傷害保険の主な内容は、下記〈資料〉のとおりである。次の1〜3のケース(該当者は山田麗子さんである)のうち、保険金の支払対象とならないケースはどれか。なお、1〜3のケースはいずれも保険期間中に発生したものである。また、〈資料〉に記載のない事項については一切考慮しないこととする。

〈資料〉

保険種類	普通傷害保険
保険期間	1年間
保険契約者	山田麗子
被保険者	山田麗子
死亡・後遺障害保険金額	5,000万円
入院保険金日額	5,000円
通院保険金日額	3,000円

※特約は付帯されていない。

1) 勤務先でガス爆発事故が発生し、手にやけどを負い通院した。
2) テニスの練習中に誤って転倒し、足を骨折して入院した。
3) 地震により、棚から落ちてきた辞典で肩を打撲し、通院した。

【第5問】　下記の問11、問12について解答しなさい。

《問11》　会社員の佐野学さんは、2024年中に定年退職する予定である。佐野さんの退職に係るデータが下記〈資料〉のとおりである場合、佐野さんの所得税に係る退職所得の金額として、正しいものはどれか。なお佐野さんは役員であったことはなく、退職は障害者になったことに基因するものではない。また、前年以前に受け取った退職金はないものとする。

〈資料〉

［佐野さんの退職に係るデータ］
　支給される退職一時金：2,800万円
　勤続年数　　　　　　：38年

〈参考：退職所得控除額の求め方〉

勤続年数	退職所得控除額
20年以下	40万円×勤続年数(80万円に満たない場合には80万円)
20年超	70万円×(勤続年数－20年)＋800万円

1）2,800万円×1/2－2,060万円<0　よって0円
2）（2,800万円－2,060万円）×1/2＝370万円
3）2,800万円－2,060万円×1/2＝1,770万円

《問12》 会社員の浜崎さんは、2024年中に下記〈資料〉の医療費等を支払っており、確定申告において医療費控除の適用を受けたいと考えている。浜崎さんの2024年分の医療費控除の金額として、正しいものはどれか。なお、浜崎さんの2024年中の所得は、給与所得600万円である。また、妻と子は浜崎さんと生計を一にしており、〈資料〉に記載のない事項については一切考慮しないこととする。

〈資料〉

支払年月	医療等を受けた人	内容	支払金額
2024年2月	長男	花粉症治療による支出	12,000円
2024年6月	長女	歯列矯正代※1	230,000円
2024年9月	本人	骨折による治療入院※2	250,000円
2024年10月	妻	インフルエンザの治療	10,000円

※1　長女の歯列矯正は、容貌を美化することを目的として行われたものである。
※2　骨折による治療入院について、生命保険契約から入院給付金50,000円の給付を受けている。

〈医療費控除の計算方法〉
医療費控除の金額＝実際に支払った医療費の合計－保険金などにより補てんされる金額－10万円もしくは総所得金額等×5％のいずれか少ない金額

1）　122,000円
2）　172,000円
3）　402,000円

【第6問】　下記の問13、問14について解答しなさい。

《問13》　2024年7月31日に相続が開始された石田健次さん（被相続人）の〈親族関係図〉が下記のとおりである場合、民法上の相続人および法定相続分の組み合せとして、正しいものはどれか。なお、記載のない条件については一切考慮しないこととする。

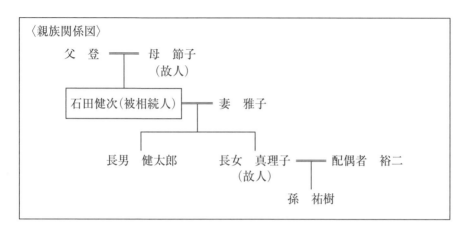

1）雅子　1/2　　健太郎　1/2
2）雅子　1/2　　健太郎　1/4　　裕二　1/4
3）雅子　1/2　　健太郎　1/4　　祐樹　1/4

《問14》 下記は、普通方式による遺言のうち、公正証書遺言の一般的な特徴についてまとめた表である。下表の空欄(ア)～(ウ)にあてはまる語句の組み合わせとして、正しいものはどれか。

作成方法	遺言者が遺言内容を口述し、公証人が筆記したうえで、遺言者・証人に読み聞かせて作成する
遺言可能年齢	（　ア　）　歳以上
保管場所	公証役場に原本が保管される
証　　人	（　イ　）　の証人立会いが必要
検　　認	（　ウ　）

1)（ア）　15　　（イ）　1人以上　　（ウ）　不要
2)（ア）　15　　（イ）　2人以上　　（ウ）　不要
3)（ア）　18　　（イ）　2人以上　　（ウ）　必要

【第7問】 下記の問15 ～問20について解答しなさい。

〈設例〉

原山芳樹さんは、株式会社SAに勤める会社員である。芳樹さんは、もうすぐ子どもが小学校に入ることもあり、今後の生活設計についてFPで税理士でもある村上さんに相談をした。なお、下記のデータはいずれも2024年4月1日現在のものである。

［家族構成（同居家族）］

氏名	続柄	生年月日	年齢	職業
原山　芳樹	本人	1989年6月10日	34歳	会社員
博美	妻	1990年8月12日	33歳	専業主婦
由紀	長女	2018年11月15日	5歳	幼稚園

［芳樹さんの収入］
給与収入の金額：800万円（2024年見込み）

［保有資産（時価）］　　　　　　　（単位：万円）

金融資産	
普通預金	150
定期預金	400
財形住宅貯蓄	200
投資信託	100
生命保険（解約返戻金相当額）	80

［負債］
なし

［マイホーム］
・芳樹さんは、定期預金400万円のうち350万円と、財形住宅貯蓄200万円の合計550万円を頭金とし、フラット35で1800万円の住宅ローンを組み2,350万円のマンションを購入したいと考えている。

［その他］
上記以外については、各設問において特に指定のない限り、一切考慮しないこととする。

《問15》 FPの村上さんは、資金計画通りマンションを購入した後の原山家のバランスシートを試算してみた。下表の空欄（ア）にあてはまる金額として、正しいものはどれか。なお、〈設例〉に記載のあるデータに基づいて解答することとし、〈設例〉に記載のないデータについては、一切考慮しないこととする。

〈原山家のバランスシート〉

[資産]		[負債]	
金融資産		住宅ローン	×××
普通預金	×××		
定期預金	×××	負債合計	×××
財形住宅貯蓄	×××		
投資信託	×××		
生命保険(解約返戻金相当額)	×××		
不動産(自宅マンション)	×××	[純資産]	（　ア　）
資産合計	×××	負債・純資産合計	×××

1) 850(万円)
2) 930(万円)
3) 1,480(万円)

《問16》 芳樹さんと博美さんは、今後10年間で積立貯蓄をして、長女の由紀さんの教育資金として300万円を用意したいと考えている。積立期間中に年利1％で複利運用できるものとした場合、300万円を準備するために必要な毎年の積立金額として正しいものはどれか。なお、下記〈資料〉の3つの係数の中から最も適切な係数を選択して計算し、解答に当たっては円単位で解答すること。また、税金や記載のない事項については一切考慮しないこととする。

〈資料：係数早見表（年利1.0％）〉

	減債基金係数	現価係数	資本回収係数
10年	0.09558	0.9053	0.10558

※記載されている数値は正しいものとする。

1) 284,140円
2) 286,740円
3) 316,740円

《問17》 芳樹さんは、マンション購入後には、地震の備えの一つとして地震保険の契約を検討している。地震保険に関する次の記述のうち、最も不適切なものはどれか。

1) 地震保険の対象は、居住用の建物とそれに収容されている家財である。
2) 建物の免震・耐震性能に応じた保険料割引制度があり、該当すれば複数の割引を適用することができる。
3) 地震保険の保険料は、建物構造が同じでも、所在により保険料は異なる。

《問18》 芳樹さんは、マンションの購入に際しては、住宅借入金等特別控除（以下「住宅ローン控除」という）の適用を受けたいと考えており、住宅ローン控除についてＦＰの村上さんに質問をした。所得税における住宅ローン控除に関する村上さんの説明のうち、最も適切なものはどれか。なお、購入するマンションは、認定長期優良住宅等には該当しないものとする。

1)「住宅ローン控除の適用を受けるためには、借入金の償還期間が10年以上の金融機関等からの住宅ローンを利用する必要があります」
2)「転勤等で居住しなくなった場合は、住宅ローン控除は適用できなくなり、再居住したとしても適用できません」
3)「芳樹さんの場合、住宅ローン控除の適用を受ける住宅は、床面積40㎡以上で、その2/3以上が居住用でなければなりません」

《問19》 芳樹さんは、会社の定期健康診断で異常を指摘され、2024年３月に20日ほど入院して治療を受けた。その際の病院への支払いが高額であったため、芳樹さんは健康保険の高額療養費制度によって払戻しを受けたいと考え、FPの村上さんに相談をした。芳樹さんの2024年３月の保険診療に係る総医療費が110万円（自己負担額33万円）であった場合、高額療養費制度により払戻しを受けることができる金額として、正しいものはどれか。なお、芳樹さんは全国健康保険協会管掌健康保険（協会けんぽ）の被保険者で、標準報酬月額は「34万円」である。また、2024年３月に支払った医療費はこの入院に係るものであり、今回の入院について健康保険限度額適用認定証は提示していないものとする。

〈70歳未満の者の区分: 医療費の自己負担限度額（1ヵ月あたり）〉

所得区分 （標準報酬月額）	医療費の自己負担限度額
83万円以上	252,600円＋（総医療費－842,000円）×1％
53万～79万円	167,400円＋（総医療費－558,000円）×1％
28万～50万円	80,100円＋（総医療費－267,000円）×1％
26万円以下	57,600円
市区町村税非課税者等	35,400円

※高額療養費の多数該当および世帯合算については考慮しないものとする。

1）88,430円

2）241,570円

3）249,270円

《問20》 博美さんは、現在、専業主婦で国民年金の第3号被保険者であるが、もうすぐ子どもが小学校に入ることからパートタイマーで働くことを検討している。当面は、年収80万円程度で働く予定だが、パートタイマーとして働き始めた場合の国民年金の被保険者に関する記述として、最も適切なものはどれか。なお、その時点における博美さんの年収は、芳樹さんの年収の1/2未満とし、パート先において厚生年金の被保険者とならないものとする。

1）国民年金の第3号被保険者ではなくなり、第1号被保険者とされる。

2）国民年金の第3号被保険者ではなくなり、第2号被保険者とされる。

3）国民年金の第3号被保険者のままである。

· MEMO ·

· MEMO ·

· MEMO ·

· MEMO ·

🐾 執筆・監修　安藤　絵理
　　　一級ファイナンシャル・プランニング技能士（CFP®）、
　　　DCプランナー・金融広報アドバイザー。個人のコンサル
　　　ティングを行う傍ら、金融機関研修講師、FP養成講座講
　　　師、セミナー講師、ＴＶやラジオ出演、雑誌の執筆など幅
　　　広く活動を行う。

🐾 校閲　大林　香世（安藤絵理FP事務所）

🐾 イラスト　あらいぴろよ

🐾 カバーデザイン　喜來　詩織（エントツ）

ユーキャンの FP シリーズのご紹介

合格を強力サポート！

●オールカラーの見やすい誌面！

3級　きほんテキスト

A5判

本体 1,600 円＋税

32日で学習完成！
全ページオールカラーで
すらすら読める基本テキスト

・1日約10ページだから無理なく続く！
・練習問題つきで、知識をしっかり定着！
・CBT試験にしっかり対応！

●3級に合格したら、2級に挑戦！

2級・AFP　でるとこ攻略テキスト

A5判　本体 1,900 円＋税

2級・AFP　でるとこ攻略問題集

A5判　本体 1,900 円＋税

金財・日本FP協会両試験団体の学科・実技（個人・生保・資産）に対応！

● 法改正・正誤等の情報につきましては、下記「ユーキャンの本」ウェブサイト内「追補（法改正・正誤）」をご覧ください。
https://www.u-can.co.jp/book/information

● 本書の内容についてお気づきの点は
・「ユーキャンの本」ウェブサイト内「よくあるご質問」をご参照ください。
https://www.u-can.co.jp/book/faq
・郵送・FAXでのお問い合わせをご希望の方は、書名・発行年月日・お客様のお名前・ご住所・FAX番号をお書き添えの上、下記までご連絡ください。
【郵送】〒169-8682 東京都新宿北郵便局 郵便私書箱第2005号
　　　　ユーキャン学び出版 FP技能士3級資格書籍編集部
【FAX】03-3378-2232
◎より詳しい解説や解答方法についてのお問い合わせ、他社の書籍の記載内容等に関しては回答いたしかねます。

● お電話でのお問い合わせ・質問指導は行っておりません。

'24〜'25年版　ユーキャンのFP3級　きほん問題集

2016年 5 月31日　初　版　第 1 刷発行	編　者	ユーキャンFP技能士試験研究会
2017年 5 月26日　第 2 版　第 1 刷発行	発行者	品川泰一
2018年 5 月24日　第 3 版　第 1 刷発行	発行所	株式会社 ユーキャン 学び出版
2019年 5 月25日　第 4 版　第 1 刷発行		〒151-0053
2020年 5 月22日　第 5 版　第 1 刷発行		東京都渋谷区代々木1-11-1
2021年 5 月21日　第 6 版　第 1 刷発行		Tel 03-3378-2226
2022年 5 月20日　第 7 版　第 1 刷発行	Ｄ Ｔ Ｐ	有限会社 中央制作社
2023年 5 月24日　第 8 版　第 1 刷発行	発売元	株式会社 自由国民社
2024年 5 月24日　第 9 版　第 1 刷発行		〒171-0033
		東京都豊島区高田3-10-11
		Tel 03-6233-0781（営業部）

印刷・製本	カワセ印刷株式会社

※落丁・乱丁その他不良の品がありましたらお取り替えいたします。お買い求めの書店か自由国民社営業部（Tel 03-6233-0781）へお申し出ください。

©U-CAN, Inc. 2024 Printed in Japan　ISBN 978-4-426-61576-5

解答・解説

最終確認
だニャ！

学科試験　解答・解説

【第1問】

（1）　解答 2

不適切。弁護士資格を有しないファイナンシャル・プランナーが、顧客から相続についての相談を受け、遺産分割や相続人に関する一般的な説明を行う行為は、弁護士法に抵触しない。

（2）　解答 2

不適切。雇用保険の一般被保険者が、25年勤めた勤務先を中途退職し、退職後に基本手当を受給する場合の所定給付日数は、その者が就職困難者に該当する場合を除き、150日である。

〈基本手当の給付日数（自己都合・定年退職などの場合）〉

区分＼被保険者期間	1年以上10年未満	10年以上20年未満	20年以上
全年齢	90日	120日	150日

（3）　解答 1

適切。健康保険の被保険者が、同一月に同一の医療機関で支払った一部負担金の額が所定の限度額を超えた場合、その超えた部分の額は、所定の手続により高額療養費として支給される。差額ベッド代や食事療養費、先進医療にかかる費用などは、高額療養費の対象にはならない。

（4）　解答 1

適切。国民年金の第1号被保険者で本人および配偶者の所得が一定以下の50歳未満の人が申請して承認された場合、保険料の納付が猶予されるが、その期間にかかる保険料の追納がない場合、老齢基礎年金の受給資格期間には算入されるが、老齢基礎年金の額には反映されない。なお、保険料の免除または猶予を受けた期間については10年以内なら追納ができる。

（5）　解答 2

不適切。民間の金融機関が取り扱う変動金利型の住宅ローンでは、一般に、借入金利は半年ごとに、返済額は5年ごとに見直される。

（6）　**解答1**

適切。生命保険の剰余金の三利源は次のとおり。

〈生命保険の剰余金の三利源〉

費差益	予定事業費率に基づく事業費支出予定額と実際の事業費支出との差額
死差益	予定死亡率に基づく保険金・給付金等支払予定額と実際の保険金・給付金等支払額との差額
利差益	予定利率に基づく予定運用収益と実際の運用収益との差額

（7）　**解答1**

適切。生命保険料の払込みが困難な場合には、払済保険のほかに延長（定期）保険という見直しの方法がある。

払済保険	保険料の払込みを中止して、その時点での解約返戻金をもとに、保険期間を変えないで、元の契約と同じ種類の一時払いの保険（または養老保険）に切り換える
延長（定期）保険	保険料の払込みを中止して、その時点での解約返戻金をもとに、保険金額を変えないで、一時払いの定期保険に切り換える

（8）　**解答2**

不適切。逓増定期保険では、保険期間の経過に伴い保険金額が所定の割合で増加するが、保険料は保険期間を通じて一定である。

（9）　**解答2**

不適切。少額短期保険業者と契約した少額短期保険の保険料は、生命保険料控除の対象とならない。

（10）　**解答1**

適切。普通傷害保険は、国内外を問わず急激かつ偶然な外来の事故による傷害が補償される保険であり、海外旅行中に発生した同様の事故による傷害も補償の対象となる。

（11）　**解答1**

適切。物価が継続的な下落傾向（デフレーション）にある場合、実質金利（名目金利から物価変動の影響を除いたもの）のほうが名目金利よりも高くなる。

（12）　**解答1**

適切。ETFは通常の株式と同様に時価で売買でき、信用取引も可能である。

（13）　**解答2**

不適切。外貨建て金融商品の取引にかかる為替手数料は、外国通貨の種類ごとに異なり、取扱金融機関によっても異なる。

3

(14)　**解答2**

　　不適切。短期利付債と長期利付債を比較した場合、他の条件が同じであれば、一般に、長期利付債のほうが金利変動に伴う債券価格の変動が大きい。

(15)　**解答1**

　　適切。金融サービスの提供及び利用環境の整備等に関する法律では、金融商品販売業者等の断定的判断の提供等の禁止に関する規定は、すべての顧客に適用される。

(16)　**解答1**

　　適切。間接税には消費税のほか、酒税、印紙税、たばこ税などがある。

(17)　**解答2**

　　不適切。所得税において、賃貸マンションの貸付けによる賃貸収入は、事業的規模であるかどうかにかかわらず不動産所得となる。

(18)　**解答2**

　　不適切。配偶者控除の対象となる控除対象配偶者とは、納税者と生計を一にする配偶者(青色事業専従者として給与の支払いを受ける者および事業専従者に該当する者を除く)で、かつ、その合計所得金額が48万円以下である者をいう。

(19)　**解答1**

　　適切。所得税において、配当控除は税額控除に該当する。税額控除にはほかに、住宅借入金等特別控除、外国税額控除、寄附金控除などがある。

(20)　**解答2**

　　不適切。住宅借入金等特別控除の対象となる新築住宅は、床面積が50㎡以上(ただし、合計所得金額が1000万円以下で、2024年12月31日までに建築確認を受けた住宅は40㎡以上)で、かつ、その2分の1以上に相当する部分がもっぱら自己の居住の用に供されるものとされている。

(21)　**解答1**

　　適切。国土交通省の土地鑑定委員会が公示する公示価格は、毎年1月1日を価格判定の基準日としており、3月下旬に公表される。

(22)　**解答2**

　　不適切。宅地建物取引業者は、自らが売主となる宅地または宅地の売買契約の締結に際して、取引の相手方が宅地建物取引業者でない場合、代金の額の2割を超える額の手付金を受領することはできない。

(23) **解答2**

不適切。借地借家法の規定では、定期建物賃貸借契約（定期借家契約）においては更新の定めはない。

(24) **解答1**

適切。区分所有法における区分所有者および議決権の要件は以下の通り。

決議に必要な数	おもな決議事項
1/5以上	集会の招集
過半数	管理者の選任・解任
3/4以上	規約の設定・変更・廃止、大規模滅失（建物価格の1/2超）による復旧
4/5以上	建替え（建物を取り壊し、新たに建築する）

(25) **解答1**

適切。不動産取得税は、個人の場合、売買、交換、贈与、新築、増改築などで不動産の取得をした場合に課税される。ただし、相続人が相続や遺贈により不動産を取得した場合には課税されない。

(26) **解答2**

不適切。子が父の所有する土地を無償で借り受け（使用貸借）、その土地の上に建物を建築した場合には贈与とはみなされず、贈与税の課税対象にはならない。税法上の相続財産評価においては、使用貸借契約により土地を貸借する権利の経済的価値はゼロと評価され、自用地と同じ評価となる。

(27) **解答1**

適切。養子縁組（特別養子縁組ではない）によって養子となった者は、養親の嫡出子として扱われるが、養子縁組が成立しても、実方の父母との法律上の親族関係も継続する。したがって、相続時には養親・実親、双方の相続人となる。

(28) **解答2**

不適切。相続人のうちに相続の放棄をした者がいる場合でも、相続税の「遺産に係る基礎控除額」を計算する際の法定相続人の数は、その放棄がなかったものとしたときの相続人の数とされる。

(29) **解答1**

適切。贈与者の死亡によって効力を生ずる死因贈与（例：私が亡くなったら、不動産を贈与するなど）によって取得した財産は、相続税の課税対象となる。

(30)　**解答 1**

適切。協議分割は、遺言と異なる分割方法に相続人全員が合意した場合には、遺言よりも優先される。また、協議分割は必ずしも、法定相続分に従う必要はない。

【第2問】

(31)　**解答 1**

利率（年率）2％で複利運用しながら毎年一定額を積み立て、15年後に900万円を準備する場合、毎年の積立金額は、減債基金係数を用いて計算する。

900万円×0.05783＝520,470円

(32)　**解答 2**

公的介護保険の被保険者のうち、65歳以上の者は第1号被保険者、40歳以上65歳未満の公的医療保険加入者は第2号被保険者に区分される。

(33)　**解答 3**

遺族厚生年金の額（中高齢寡婦加算額および経過的寡婦加算額を除く）は、原則として、死亡した者の厚生年金保険の被保険者記録を基礎として計算した老齢厚生年金の報酬比例部分の額の4分の3相当額である。なお、報酬比例部分の計算上、被保険者期間が300月に満たない場合は300月として計算する。

(34)　**解答 3**

確定拠出年金の企業型年金において、マッチング拠出により加入者が拠出した掛金は、その全額が小規模企業共済等掛金控除として所得控除の対象となる。企業の拠出した金額は全額が損金に算入できる。

(35)　**解答 2**

健康保険の被保険者（任意継続被保険者を除く）が業務外の事由による負傷または疾病のため仕事を連続する3日を含み4日以上休んで、休業した期間について報酬を受けられなかった場合、支給を開始した日から通算して1年6ヵ月を限度として支給される。給与が傷病手当金未満の場合には、差額が支給される。

(36)　**解答 3**

生命保険契約に基づき、契約者が保険会社に払い込む保険料は、純保険料と付加保険料で構成されている。純保険料は保険会社の保険金の支払いに充てられ、付加保険料は保険契約を維持・管理していくための費用に充てられる。

(37) **解答1**

国内で事業を行う生命保険会社が破綻した場合、生命保険契約者保護機構による補償の対象となる保険契約については、高予定利率契約を除き、責任準備金等の90%まで補償される。

(38) **解答3**

養老保険の福利厚生プランは、ハーフタックスプランとも呼ばれ、契約者(＝保険料負担者)および満期保険金受取人を法人、被保険者を役員および従業員全員、死亡保険金受取人を被保険者の遺族とすることにより、支払保険料の2分の1相当額を福利厚生費として損金に算入することができる。

(39) **解答1**

自動車損害賠償責任保険(自賠責保険)では、対人賠償事故のみを補償の対象としている。死亡事故1名につき上限3,000万円、傷害事故1名につき上限120万円、後遺障害75万円～ 4,000万円が支払い限度額となっている。

(40) **解答1**

個人賠償責任保険は、日常生活の偶然な事故により、他人にケガをさせたり他人の物を壊したりして、法律上の損害賠償責任を負った場合に補償する。自動車事故による賠償事故や、業務遂行中の賠償事故は対象にならない。他人から借りたものの使用中の賠償事故は原則対象にならないが、対象とする保険も登場している。

(41) **解答3**

投資信託に係る運用管理費用(信託報酬)は、信託財産から差し引かれる費用であり、受益者(投資家)が間接的に負担する。委託者報酬と代行手数料、受託者報酬があり、投資信託委託会社、販売会社、信託銀行が受け取る。

(42)　**解答2**

債券の最終利回りは、

$$最終利回り（％）= \frac{表面利率 + \dfrac{額面（100円）- 買付価格}{残存年数}}{買付価格} \times 100 \quad で計算されるので、$$

$$最終利回り（％）= \frac{1.2 + \dfrac{100 - 101}{4}}{101} \times 100 = 0.94059\cdots$$

小数点以下第3位を四捨五入して、0.94％となる。

(43)　**解答3**

株価収益率（PER）は、「株価÷1株当たり純利益」で求めるので、
800円÷400円＝2（倍）である。

(44)　**解答2**

一般に、先物取引などを利用して、基準となる指数の収益率の2倍、3倍、4倍など
の投資成果を得ることを目指して運用され、上昇相場で利益が得られるように設計さ
れた商品をブル型ファンドといい、下降相場で利益が得られるように設計されたファ
ンドをベア型ファンドという。

(45)　**解答1**

金融サービスの提供及び利用環境の整備等に関する法律では、金融商品販売業者等が
金融商品の販売等に際し、顧客に対して重要事項の説明をしなければならない場合に
重要事項の説明をしなかったこと、または断定的判断の提供等を行ったことにより、
当該顧客に損害が生じた場合の金融商品販売業者等の損害賠償責任について定められ
ている。なお、取引で損失が生じたからといって、顧客に損失の補てんをすることや、
そうした約束をすることは禁止されている。

(46)　**解答3**

土地や骨とう品など、時の経過などによって価値が減らないものは、減価償却資産と
ならない。

(47)　**解答2**

一時所得は、「総収入金額−その収入を得るために支出した金額（本問の場合は保険料）
−特別控除額（最高50万円）」で計算するので、
570万円−500万円−50万円＝20万円…①
一時所得は、その2分の1相当額（10万円…②）が総所得金額に算入される。

(48) **解答1**
　勤続年数20年超の退職所得控除額は、「70万円×(勤続年数−20年)+800万円」で計算する。
したがって、70万円×(33年−20年)+800万円=1,710万円　となる。

(49) **解答3**
　1）受診した人間ドックの結果から重大な疾病が発見され、引き続きその疾病の治療
　　のために入院した場合は人間ドックの費用も医療費控除の対象となる。
　2）通院のための交通費は、医療費控除の対象となる。
　3）自己都合による個室費用(差額ベッド代)は医療費控除の対象とならない。

(50) **解答1**
　青色申告の対象となるのは、事業所得、不動産所得、山林所得がある人であり、かつ
正規の簿記の原則に従って記帳するなど一定の要件を満たしている事業的規模の不動
産所得者または事業所得者は、最高55万円の青色申告特別控除が受けられる。さらに
電子帳簿保存などの要件を満たせば65万円の青色申告特別控除が受けられる。
その他の場合の控除額は原則10万円である。

(51) **解答2**
　建蔽率(%)は、「建築物の建築面積÷敷地面積×100」で求められる。
したがって、120㎡÷240㎡×100=50%

(52) **解答3**
　不動産の売買契約にあたって、買主から売主に対して解約手付が交付された場合、相
手が契約の履行に着手する前であれば、買主は解約手付を返せば契約の解除ができる。
売主が契約の解除を行いたい場合は、手付金の2倍の額を償還する必要がある。

(53) **解答1**
　借地借家法の規定では、定期借地権等以外の借地権に係る借地契約を更新する場合に
おいて、その期間は、借地権設定後の最初の更新では更新の日から20年、それ以降の
更新では10年とされている。ただし、当事者がこれより長い期間を定めたときは、そ
の期間とされている。

(54) **解答3**
　相続税路線価は、地価公示の公示価格の80%を価格水準の目安として設定されている。

(55) **解答1**
　純利回り(NOI利回り)は、年間賃料収入から実質費用を差し引き、投資額で割って求
める。
したがって、(1,000万円−500万円)÷1億円×100=5%

(56) **解答3**
親族とは、6親等内の血族、配偶者、および3親等内の姻族をいう。

(57) **解答2**
Aさん夫婦には子がいないので、Aさんの相続人は、配偶者Bさんと父Cさん、母Dさんの3人である。配偶者と直系尊属が相続人となった場合、配偶者の相続分は3分の2、直系尊属の相続分は3分の1となる。したがって、法定相続割合は、Bさん:3分の2、Cさん:6分の1、Dさん:6分の1となる。

(58) **解答2**
養子(特別養子縁組以外の場合)も相続人となるが、実子がいない場合には養子は2人まで、実子がいる場合は養子は1人までしか、基礎控除額の計算の対象とはならない。したがって、実子が3人いるので、基礎控除額の計算対象となる養子は1人で、配偶者、実子、養子合わせて、「法定相続人の数」は5人となり、
3,000万円+600万円×5人=6,000万円　となる。

(59) **解答3**
「配偶者の税額軽減」の規定の適用を受けた場合、配偶者の取得する財産の価額が、相続税の課税価格の合計額に対する配偶者の法定相続分相当額、あるいは1億6,000万円までのいずれか多い金額相当額までであれば、原則として、配偶者の納付すべき相続税額はないものとされる。ただし、この規定の適用を受けるには、確定申告を行わなければならない。

(60) **解答3**
　1)特定居住用宅地等に該当する宅地等は、330㎡を限度として評価額の80%を減額することができる。
　2)貸付事業用宅地等に該当する宅地等は、200㎡を限度として評価額の50%を減額することができる。
　3)特定事業用宅地等に該当する宅地等は、400㎡を限度として評価額の80%を減額することができる。

実技試験（個人資産相談業務）　解答・解説

《問1》　解答1
・任意継続被保険者に対する保険給付は在職時とほぼ同じだが、資格喪失後の継続給付に該当する者を除き、傷病手当金や出産手当金は支給されない。
・任意継続被保険者として健康保険に加入できる期間は最長2年間で、保険料は全額自己負担となる。

《問2》　解答3
1）**適切**。Aさんが65歳になったとき、妻Bさんは「生計を維持されている65歳未満の配偶者」なので、Aさんの老齢厚生年金には加給年金額が加算される。
2）**適切**。妻Bさんは、Aさんが65歳で退職すると、国民年金の第3号被保険者から第1号被保険者への種別変更の手続きを行い、以後60歳になるまで国民年金の保険料を納付することになる。
3）**不適切**。長男Cさんが20歳になると、国民年金保険料の支払い義務が生じるが、本人の所得が一定以下の場合、「学生納付特例制度」を利用すれば保険料の納付が猶予される。保険料の納付を猶予された期間は、追納しなければ、老齢基礎年金額には反映されない。追納できる期間は10年である。

《問3》　解答2
老齢厚生年金の報酬比例部分の年金額（本来水準）は次の式で求める。
ただし、報酬比例乗率は生年月日によって異なる。

$$平均標準報酬月額 \times \frac{7.125}{1,000} \times \begin{array}{c}2003年3月以前の\\被保険者期間の月数\end{array} + 平均標準報酬額 \times \frac{5.481}{1,000} \times \begin{array}{c}2003年4月以後の\\被保険者期間の月数\end{array}$$

したがって、計算式は

$$290,000円 \times \frac{7.125}{1,000} \times 144月 + 370,000円 \times \frac{5.481}{1,000} \times 360月$$

《問4》　解答3
1）**不適切**。新NISAでは、つみたて投資枠も成長投資枠も、ともに非課税保有期間は制限がない（無期限）。
2）**不適切**。成長投資枠の年間投資上限額は240万円、つみたて投資枠の年間投資上限額は120万円である。
3）**適切**。つみたて投資枠と成長投資枠の非課税保有限度額（総額）は1,800万円である。ただし、成長投資枠の上限は、内数として1,200万円となる。

《問5》 解答2

1）**不適切**。指値注文よりも成行注文が優先されるため、成行注文のほうが売買が成立しやすい。

2）**適切**。値段を指定せずに注文する成行注文で国内上場株式を買い付ける場合、想定していた価格よりも高い価格で売買が成立する可能性がある。

3）**不適切**。株式の売買が成立した日を約定日といい、株式の売買代金は約定日を含めて3営業日目に受け渡しするのが原則である。約定日を1日目と数えて計算する。

《問6》 解答1

1）**不適切**。X社株式のEPS（1株当たり純利益）は、

30億円÷1億株＝30円　である。したがって、

PER＝株価÷EPSなので、500円÷30円＝16.666…　約16.7倍　である。

2）**適切**。X社株式のBPS（1株当たり純資産）は、

500億円÷1億株＝500円　である。したがって、

PBR＝株価÷BPSなので、500円÷500円＝1倍　である。

3）**適切**。ROE（自己資本利益率）は、

当期純利益÷自己資本×100　で計算されるので、

30億円÷500億円×100＝6％　である。

《問7》 解答1

1）**適切**。生計を一にする15歳以上の配偶者や親族が事業の手伝いをしている（家族従業員がいる）場合、一定の条件を満たせば、その人たちに支払う給与を青色事業専従者給与として必要経費にすることができる。

2）**不適切**。事業的規模の不動産所得者または事業所得者である青色申告者が、その取引の内容を正規の簿記の原則により記帳し、それに基づいて作成した貸借対照表等を添付した確定申告書を法定申告期限内に提出した場合、青色申告特別控除として最高55万円を所得金額から控除することができる。さらに電子帳簿保存などの条件を満たせば65万円の青色申告特別控除が受けられる。

3）**不適切**。青色申告者の所得税の計算において、損益通算してもなお控除しきれない損失の金額（純損失の金額）が生じた場合、その損失の金額を翌年以降3年間に渡って繰り越して、各年分の所得金額から控除することができる。

《問8》 解答2

1）**適切**。妻Bさんは、青色事業専従者であるため、Aさんは配偶者控除・配偶者特別控除の適用を受けることはできない。

2）**不適切**。長男Cさんは16歳未満のため、扶養控除の対象外である。

3）**適切**。母Dさんは公的年金収入72万円を得ているが、公的年金等控除額110万円（65歳以上）が適用されるため、所得金額はゼロになり、扶養親族に該当する。したがってAさんは、扶養控除の適用を受けることができ、その金額は38万円である。

《問9》 解答1

Aさんの所得は、事業所得と一時所得(一時払変額個人年金保険の解約返戻金)である。事業所得は800万円と設例に記載されているので、ここでは一時所得を計算する。

一時所得＝総収入金額－その収入を得るために支出した金額－特別控除額(50万円)
　　　　＝解約返戻金380万円－払込保険料320万円－特別控除額50万円
　　　　＝10万円

総所得金額を計算する際には、一時所得はその2分の1が合算対象となるので、
800万円＋10万円×1/2＝805万円

《問10》 解答3

・建物の登記記録を確認する際は、法務局で申請すれば、登記事項証明書の交付が受けられる。

・登記記録では、壁その他の区画の内側線で囲まれた部分(内法面積)の水平投影面積で計算されるため、壁芯面積で記載される物件情報よりも面積は小さくなる。

・抵当権については、権利部乙区(所有権以外の権利を記載)に記載されている。

《問11》 解答2

1）**適切**。区分所有法では、区分所有権の目的たる建物の部分を専有部分という。専有部分は特定の個人が独占して使用することができる部分である。

2）**不適切**。区分所有法の規定によれば、建物の価格の2分の1超に相当する部分が滅失(大規模滅失)したときは、集会において、区分所有者および議決権の各4分の3以上の多数で、滅失した共用部分を復旧する旨の決議をすることができるとされている。

3）**適切**。区分所有法の規定によれば、集会において、区分所有者および議決権の各5分の4以上の多数で区分所有建物の建替え決議をすることができるとされている。

《問12》 解答3

・不動産取得税は都道府県が課税する地方税で、不動産取得の際にかかる税金であり、売買や交換により取得した場合以外にも、贈与や新築・増改築などで不動産を取得した場合にもかかるが、相続や遺贈により取得した場合は非課税となる。課税標準は、固定資産税評価額である。

・登録免許税は、土地や建物を取得し、不動産登記をした場合に登記を受ける個人または法人にかかる税金である。課税主体は国であり、課税標準は抵当権設定登記等を除き、固定資産税評価額である。

・固定資産税は市区町村(東京23区は東京都)が課税する地方税で、1月1日現在の固定資産の所有者に対してかかる税金である。課税標準は固定資産税評価額である。

《問13》　解答3

1）**適切**。自筆証書遺言は、原則遺言者がその遺言の全文・日付・氏名を自書し、これに押印して作成するものであるが、「財産目録」はパソコン等での作成や預貯金通帳のコピー(各ページに署名押印が必要)も認められている。

2）**適切**。公正証書遺言は、遺言者が、公証役場において遺言の趣旨を公証人に口授し、公証人がそれを筆記して作成する遺言であり、作成にあたっては証人2人の立ち合いが必要である。

3）**不適切**。公正証書遺言は、相続開始後の家庭裁判所における検認は必要ない。自筆証書遺言は、原則相続開始後に家庭裁判所における検認が必要であるが、法務局で保管された自筆証書遺言は検認が不要である。

《問14》　解答3

・相続税の遺産に係る基礎控除額は、「3,000万円+600万円×法定相続人の数」で算出される。

・死亡保険金の非課税限度額は、「500万円×法定相続人の数」で算出される。

・自用地に賃貸アパートを建てている場合の相続税評価額は、「自用地としての評価額－自用地としての評価額×借地権割合×借家権割合×賃貸割合」の算式により算出される。

《問15》　解答3

1）**適切**。贈与税の配偶者控除を利用して、妻BさんがAさんから贈与を受けた財産については贈与後3年以内に相続が発生した場合にも、相続税の課税価格への加算対象から除外される。

2）**適切**。相続時精算課税制度の適用を受けて贈与された財産は、Aさんの相続に係る相続税の計算において、贈与時の評価額によって相続税の課税価格に加算される。

3）**不適切**。相続開始前3年以内に被相続人から贈与を受けた財産は、贈与時の評価額で相続財産として加算される。

実技試験（保険顧客資産相談業務） 解答・解説

《問1》 解答2

1）**不適切**。付加保険料は月額400円である。

2）**適切**。老齢基礎年金の支給開始年齢は原則65歳だが、希望すれば60歳以上65歳未満の間に老齢基礎年金の繰上げ支給を請求することができる。繰上げ支給を請求した場合の減額率は、「繰上げ月数×0.4％」で計算される。

3）**不適切**。老齢基礎年金の繰上げ支給を請求した場合には、一生涯、減額された年金額が支給される。

《問2》 解答3

1）**適切**。小規模企業共済制度は、個人事業主が廃業等した場合に必要となる資金を準備しておくための共済制度である。

2）**適切**。毎月の掛金は、1,000円から70,000円の範囲内で500円刻みで選択することができ、その全額が所得控除（小規模企業共済等掛金控除）の対象となる。

3）**不適切**。個人事業主が廃業した場合に受け取る「一括受取」の共済金は、退職所得として扱われる。

《問3》 解答2

・確定拠出年金(個人型)の自営業者等の掛金限度額は、付加保険料と合わせて、あるいは、国民年金基金の掛金と合わせて、月額68,000円である。

・確定拠出年金の掛金はその全額が小規模企業共済等掛金控除として所得控除の対象となる。

・老齢給付金は60歳〜75歳の間に受取りを開始するが、通算加入者期間が10年以上あれば、60歳から受け取ることができる。

《問4》 解答3

1）**適切**。子が成長するにつれて、その後必要な養育費・教育費は減っていくので、必要保障額は子の成長とともに逓減する。

2）**適切**。住宅ローン（団体信用生命保険加入）を利用して自宅を購入した後に死亡した場合、住宅ローン債務は団体信用生命保険の死亡保険金により弁済されるので、住宅ローンの残債務は遺族の必要生活資金等の総額に含めなくてよい。

3）**不適切**。遺族基礎年金の受給要件には生計維持要件があり、遺族基礎年金の受給権確定時に年収850万円以上であれば遺族基礎年金は受けられないが、受給中の収入要件はない。

《問5》 解答3

1）**適切**。生命保険の収入保障特約は、最低支払保証期間を除き、保険期間の経過とともに年金受取総額は減っていく。

2）**適切**。所定の重度疾病にり患した場合、重度疾病保障定期保険特約により、300万円を受け取ることができる。一度、重度疾病保険金を受け取ると、この特約は消滅する。

3）**不適切**。先進医療特約の対象となるのは、療養を受けた時点において厚生労働大臣が承認する先進医療に該当する治療である。

《問6》 解答1

1）**適切**。保険加入の際は、幅広い選択肢の中から、ニーズに合わせて検討するのが望ましい。

2）**不適切**。学資（こども）保険は、満期時や入学時等の所定の時期に祝金（学資金）を受け取ることができる保険である。契約者である親が死亡した場合には、以後の保険料の支払いが免除されるが、死亡保険金は受け取れず祝金や学資金は契約どおりに受け取ることができる。

3）**不適切**。生命保険の見直しは、生命保険の商品改定に合わせて行うのではなく、ライフイベントに合わせて定期的に行うのが望ましい。

《問7》 解答3

勤続年数20年超の退職所得控除額は、「70万円×（勤続年数−20年）＋800万円」で計算する。勤続年数の端数は切り上げる。

また、退職所得は、「（収入金額−退職所得控除額）×1/2」で計算する。

したがって役員退職金が5,000万円の場合の退職所得は、

［5,000万円 −｛70万円×（26年−20年）＋800万円｝］×1/2＝1,890万円　となる。

《問8》 解答1

1）**不適切**。低解約返戻金型終身保険は、保険料払込期間における解約返戻金を低く設定することにより、通常の終身保険と比べると保険料が割安な保険である。保険料払込期間終了後は、通常の終身保険と同水準の解約返戻金になる。

2）**適切**。契約者貸付制度で借り受けた資金は、借方：現預金（資産）、貸方：長期借入金（負債）として仕訳する。

3）**適切**。契約者や死亡保険金受取人の名義変更を行い、会社の保険から個人の保険へ変更して、役員退職金の一部として保険を現物支給することもできる。その場合、会社側では、解約返戻金相当額を役員退職金として計上し、それまで資産計上した保険料積立金との差額を雑収入または雑所得として計上する。

《問9》 解答3

〈条件〉より、解約返戻金額は3,600万円、それまでの既払込済保険料の累計額は3,350万円である。法人が死亡保険金受取人である終身保険の場合、支払保険料の全額を保険料積立金として資産計上する。死亡保険金受取人が法人である終身保険を解約して受け取った解約返戻金は、資産に計上していた保険料積立金との差額を雑収入または雑損失として計上する。本問では解約返戻金額が資産に計上していた保険料積立金額よりも250万円多いため、その差額は雑収入として益金に算入する。

《問10》 解答3

1）**不適切**。妻Bさんの給与収入は60万円なので、給与所得は60万円－55万円（給与所得控除額）＝5万円。したがって、妻Bさんの合計所得金額は48万円以下なので、Aさんが受けることができるのは、配偶者控除である。

2）**不適切**。長男Cさんは20歳なので、特定扶養親族に該当し、扶養控除の額は63万円である。

3）**適切**。Aさんが支払っている、長男Cさんが負担すべき国民年金の保険料の金額は、全額、Aさんの社会保険料控除の対象となる。

《問11》 解答3

1）**不適切**。医療費控除は、総所得金額等の合計額が200万円以上の者の場合、「その年中に支払った医療費－10万円」で計算される。したがって、その年中に支払った医療費の額が10万円を超えていなければ医療費控除を受けられない。

2）**不適切**。医療費控除は、医師等による診療や治療に要した費用が対象になるが、診療等を受けるための公共交通機関（バス・電車等）による通院費も対象となる。

3）**適切**。医療費控除の適用を受けるには、確定申告書を、住所地を所轄する税務署長に提出しなければならない。

《問12》 解答1

Aさんの給与収入は800万円なので、

給与所得控除額＝800万円×10％＋110万円＝190万円

したがって、給与所得＝800万円－190万円＝610万円

また、解約返戻金による一時所得は、600万円（解約返戻金）－500万円（払込保険料）－50万円（特別控除額）＝50万円

総所得金額＝610万円＋50万円×1/2＝635万円

《問13》 解答1

1）**適切**。自筆証書による遺言書を発見した相続人は、遺言者の死亡を知った後、遅滞
なく、その遺言書を家庭裁判所に提出して、その検認を請求しなくてはならない。た
だし法務局で保管されていた場合は検認は不要となる。

2）**不適切**。自筆証書遺言を家庭裁判所で検認を受ける前に開封した場合は5万円以下
の過料がかかるが、遺言書は無効にはならない。

3）**不適切**。遺留分侵害額請求ができるのは、法定相続人のうち、配偶者、子、直系尊
属に限られる。したがって、兄弟姉妹には、遺留分は認められない。また、設例の場
合、弟Cさんは、そもそも相続人ではない。

《問14》 解答2

・実子と養子の相続分は同じである。したがって、長男Dさん、養子Eさんとも、相
続分は、

1/2×1/2＝1/4 となる。

・配偶者に対する相続税額の軽減の適用を受けた場合、妻Bさんが相続により取得し
た財産の金額が配偶者の法定相続分相当額と1億6,000万円とのいずれか多い金額
までであれば、納付すべき相続税額は算出されない。

・死亡保険金は、「みなし相続財産」として相続税の課税対象となるが、法定相続人が
受け取った保険金のうち「500万円×法定相続人の数」は非課税となる。設例の場合、
法定相続人は3人なので、1,500万円が非課税となり、課税価格に算入される金額
は500万円となる。

《問15》 解答2

相続税の総額は、下記の順番で計算する。

① 課税遺産総額を、法定相続人が法定相続分どおりに分割したと仮定して、各人ご
との取得額を計算する。法定相続人は、妻Bと、長男Dさん、養子Eさんである（養
子の相続分は、実子と同様である）。

妻B：1億円×1/2＝5,000万円

子1人当たり：1億円×1/2×1/2＝2,500万円

② 各人ごとの相続税額を算出する。

妻B：5,000万円×20％－200万円＝800万円

子1人当たり：2,500万円×15％－50万円＝325万円

③ ②で計算した金額を合計する。

800万円＋325万円×2＝1,450万円

実技試験（資産設計提案業務）　解答・解説

《問1》　解答2

1）**適切**。生命保険の募集人の登録をしていないFPでも、顧客の現時点の必要保障額の試算をするのは問題ない。

2）**不適切**。税理士資格を有していないFPは、有償・無償を問わず、確定申告書等の税務書類の具体的な計算をしてはならない。

3）**適切**。社会保険労務士資格を有していないFPでも、顧客の持参した「ねんきん定期便」等の資料を参考に、公的年金の受給見込額を計算しても問題はない。

《問2》　解答1

1）**適切**。空欄（ア）は、$465 \times (1 + 0.01)^2 = 474.34\cdots$　∴474

2）**不適切**。空欄（イ）は、$545 - 1,170 = ▲625$

3）**不適切**。空欄（ウ）は、$215 \times (1 + 0.01) + 47 = 264.15$　∴264

《問3》　解答3

1）**誤り**。空欄（ア）に入る語句は、「売りオペレーション（売りオペ）」である。

2）**誤り**。空欄（イ）に入る語句は、「消費者物価指数」である。

3）**正しい**。空欄（ウ）に入る語句は、「日銀短観」である。

《問4》　解答2

1）**不適切**。外貨預金は、対象外である。

2）**適切**。決済用預金は、全額保護される。

3）**適切**。決済用預金は、全額保護され、それ以外の預金は、外貨建預金、譲渡性預金、元本補てん契約のない金融債を除き、1金融機関あたり、合算して元本1,000万円とその利息が保護される。

《問5》　解答3

1．**適切**。EA株式会社の株価収益率（PER）は、2,200円÷600円=3.66…倍なので、日経平均採用銘柄の平均（予想ベース）14.78倍より割安である。

2．**適切**。EA株式会社の株価純資産倍率（PBR）は、2,200円÷3,280円=0.67…倍なので、東証プライム全銘柄の平均1.28倍より割安である。

3．**不適切**。EA株式会社の配当利回りは、100円÷2,200円×100=4.54…％なので、2.31倍より高い。

《問6》 解答2

前面道路の幅員が12m未満の場合、延べ面積(容積率)は、都市計画で定められた指定容積率か、前面道路の幅員による容積率の制限のうち小さいほうの制限を受ける。

したがって、前面道路の幅員は5mなので、5m×6/10=300% < 400%

ゆえに、最大延べ面積は 300㎡×300%＝900㎡

《問7》 解答2

脳卒中で死亡(急死)した場合に支払われる保険金額は、

終身保険(主契約)500万円、定期保険特約2,300万円、特定疾病保障定期保険特約200万円の合計3,000万円である。

《問8》 解答2

入院日額は10,000円で、20日間入院し、給付倍率20倍の手術を受けたので、給付金は、

入院給付金：10,000円×20日＝20万円

手術給付金：10,000円×20倍＝20万円

その他にガン診断給付金が50万円受け取れるので、合計90万円となる。

《問9》 解答2

1）正しい。保険契約者と被保険者が同一の場合、死亡保険金は、相続税の課税対象となる。

2）誤り。保険契約者と満期保険金受取人が相違しているので、贈与税の課税対象となる。

3）正しい。保険契約者と死亡保険金受取人が同一なので、一時所得として所得税・住民税の課税対象となる。

《問10》 解答3

普通傷害保険は、国内外を問わず、日常生活の中で起こる「急激かつ偶然な外来の」事故による傷害を補償する保険である。地震、噴火、津波を原因とする傷害、病気や細菌性食中毒は対象外となる。

《問11》 解答2

退職所得の計算は、(収入金額－退職所得控除額)×1/2である。

したがって、(2,800万円－2,060万円)×1/2=370万円 が正しい。

《問12》 解答1

医療費控除の対象となるのは、本人と生計を一にする親族の支払った医療費が一定額を超えていた場合であり、控除額は、下記の式で求める。

医療費控除の金額＝実際に支払った医療費の合計－保険金などにより補てんされる金額－10万円もしくは総所得金額等×5％のいずれか少ない金額

また、容ぼうを美化することを目的としたものや健康増進や病気予防のためのサプリメント代などは医療費控除の対象とならない。

したがって、浜崎さんの医療費控除額は、

12,000円（花粉症治療）＋250,000円（骨折入院）＋10,000円（インフルエンザ治療）−50,000円（保険給付金）−100,000円＝122,000円　となる。

《問13》　解答 3

設問の親族関係の場合、法定相続人は配偶者と子であり、配偶者が1/2、子は残る1/2を均等に分割することになる。ただし、長女はすでに死亡しているので、長女の分は孫が代襲相続することになる。

したがって、相続分は、妻の雅子さんが1/2、長男の健太郎さんが1/4、孫の祐樹さんが1/4となる。

《問14》　解答 2

公正証書遺言の一般的な特徴は下記のとおり。

作成方法	遺言者が遺言内容を口述し、公証人が筆記したうえで、遺言者・証人に読み聞かせて作成する
遺言可能年齢	15歳以上
保管場所	公証役場に原本が保管される
証人	２人以上の証人立会いが必要
検認	不要

《問15》　解答 2

原山家のバランスシートは下記のようになる。

純資産は、「資産合計−負債合計」で求められる。

〈原山家のバランスシート〉 (単位：万円)

[資産]		[負債]	
金融資産		住宅ローン	1,800
普通預金	150		
定期預金	50		
財形住宅貯蓄	0	負債合計	1,800
投資信託	100		
生命保険（解約返戻金相当額）	80	[純資産]	（ア 930）
不動産（自宅マンション）	2,350		
資産合計	2,730	負債・純資産合計	2,730

《問16》 解答2

将来の目標金額のために必要な毎年の積立額を求めるには、減債基金係数を用いる。

したがって、3,000,000円×0.09558=286,740円

《問17》 解答2

1）**適切**。地震保険は、居住用建物とそれに収容されている家財について、地震による火災や損壊の損失を補償する保険である。

2）**不適切**。建物の免震・耐震性能に応じて、建築年・耐震等級・免震建築物・耐震診断の4種類の割引制度があり、10%～50%の割引が適用されるが、複数の割引を適用することはできない。

3）**適切**。地震保険の保険料は、建物構造が同じでも、所在により保険料は異なる。地震が多い地域の保険料は高くなる。

《問18》 解答2

1）**適切**。住宅ローン控除の適用を受けるためには、借入金の償還期間は10年以上の金融機関等からの住宅ローンを利用する必要がある。なお勤務先からのローンである場合は、金利0.2%以上でなければならない。

2）**不適切**。転勤等で居住しなくなった場合は、住宅ローン控除は適用できなくなるが、再居住したときは適用できる。

3）**不適切**。住宅ローン控除の適用を受ける住宅は、原則床面積50㎡以上（一定要件を満たせば、2024年12月31日までに、建築確認を受けてある住宅等は40㎡以上）で、その1/2以上が居住用でなければならない。

《問19》 解答2

芳樹さんの総医療費は110万円で、標準報酬月額は34万円なので、

自己負担限度額=80,100円＋（1,100,000円－267,000円）×1％＝88,430円　となり

払戻しを受けることができる金額は、

自己負担額330,000円－88,430円＝241,570円　となる。

《問20》 解答3

国民年金の第3号被保険者は、第2号被保険者（厚生年金の被保険者）に生計維持されている年収130万円未満※の20歳から60歳までの人で、保険料の負担はない。第3号被保険者となるための生計維持要件は、年収130万円未満で、なおかつ、被保険者と同居の場合は、年収は被保険者の2分の1未満である必要があり、同居していない場合は、年収は被保険者からの仕送り額未満である必要がある。

したがって、博美さんがパートタイマーとして働いても、年収が80万円程度であれば第3号被保険者のままである。

※年収が130万円未満でも、1ヵ月あたりの決まった賃金が8.8万円以上など一定の要件を満たしている場合や、勤務先が従業員101人以上（2024年10月からは従業員51人以上）企業など一定の要件にあてはまる場合は、第2号被保険者になれる場合もある。